СЛОВО БОЖЬЕ НА КАЖДЫЙ ДЕНЬ

2023

Losungen

Евангелическо-Лютеранская Церковь России
Санкт-Петербург

2022

Слово Божье на каждый день-2023/Losungen

Издано по поручению Централизованной религиозной организации «Евангелическо-Лютеранская Церковь России»

Издатели благодарны Гернгутерскому обьединению братьев за предоставленную поддержку.

Редакторы: Елена Дякива, Марина Худенко

Макет: Юлия Другова

Тираж: 1300 экземпляров

Адрес редакции:

Централизованная религиозная организация

«Евангелическо-Лютеранская Церковь России»
Канцелярия архиепископа

191186, Россия, Санкт-Петербург, Невский пр., д. 22-24
E-mail: medien@elkras.ru; bote@elkras.ru

Отпечатано в типографии: ООО «Принт24»

192102, Россия, Санкт-Петербург,

ул. Самойловой, д. 5, лит. В

ISBN 978-3-7245-2593-6

Мир вам, дорогие читатели брошюры «Слово Божье на каждый день-2023. Losungen»!

В новый Божий год мы входим с Его Словом. Всех, доверяющих Богу, Его Слово воодушевляет, ободряет, укрепляет, обличает, утешает, вразумляет и наставляет. Слово живого Бога нам важно слышать в любое время года и суток.

Библейское изречение на 2023 год: «Ты Бог, видящий меня» (Быт. 16,13). Это знание страшит грешника – Бог всегда видит человека, его неправду и нечистоту. Но это Слово становится таким ценным и важным, когда переживаешь оставленность и безысходность – я в поле Его зрения, Он видит меня и поможет мне!

Осознавая это, мы можем утешаться тем, что слышим через пророка Иеремию: «Ибо только Я знаю намерения, какие имею о вас, говорит Господь, намерения во благо, а не на зло, чтобы дать вам будущность и надежду» (Иер. 29,11).

Пришествие в наш мир Единородного Сына Бога всегда свидетельствует нам о том, как мы дороги Богу. Иисус Христос умер за грешников, потому что Бог видит боль и нужду человека. Сын Божий воскрес, чтобы мы увидели своего небесного Отца и не были слепы.

Божьим детям всегда ценен голос Божий, голос Отца – Он сопровождает и оберегает нас, предупреждает и благословляет. Слушайте Его, радуйтесь с Ним, трудитесь и отдыхайте в Его присутствии!

Желаю вам через эту брошюру обретать большую жажду изучать и читать Библию, узнавать больше о Боге жизни, утверждаться в Его благой воле!

Благословенного 2023 года, благословений в вечности с Отцом!

Во Христе Ваш
+Владимир Проворов, архиепископ
Евангелическо-Лютеранской
Церкви России

От составителей

В этой книге вы найдете Слово Божье из Ветхого Завета и соотносящееся с ним Слово из Нового Завета на каждый день.

Под двумя изречениями из Священного Писания на каждый день указаны два чтения из Библии, которые задуманы как утреннее и вечернее чтение. Утреннее чтение соотносится по содержанию с изречением недели и чтением предшествующего воскресенья. Вечернее чтение ведет нас непрерывно, отрывок за отрывком, через большие части книг Библии.

Библейские цитаты даются по Синодальному переводу Библии.

Воскресные и праздничные дни отмечены в книге согласно употребляемым в Церкви названиям и сопровождаются при необходимости соответствующими пояснениями.

Далее следуют изречение недели, чтения из Посланий, Евангелия и Ветхого Завета, предлагаемый на этот день текст проповеди, псалом и цвет литургии (парамента) на соответствующий воскресный или праздничный день.

Хотим обратить ваше внимание на то, что воскресный псалом и праздники церковного года приводятся в соответствии с Проприем, утвержденным в Евангелическо-Лютеранской Церкви в России, Украине, Казахстане и Средней Азии в 1999 году.

СПИСОК СОКРАЩЕНИЙ БИБЛЕЙСКИХ КНИГ

Авв. – Книга пророка Аввакума

Авд. – Книга пророка Авдия

Агг. – Книга пророка Аггея

Ам. – Книга пророка Амоса

Быт. – Бытие

Вар. – Книга пророка Варуха

Втор. – Второзаконие

Дан. – Книга пророка Даниила

Езд. – Книга Ездры

Еккл. – Книга Екклесиаста

Есф. – Книга Есфирь

Зах. – Книга пророка Захарии

Иез. – Книга пророка Иезекииля

Иер. – Книга пророка Иеремии

Иов – Книга Иова

Иоиль – Книга пророка Иоиля

Иона – Книга пророка Ионы

Ис. – Книга пророка Исаии

Нав. – Книга Иисуса Навина

Исх. – Исход

Иудифь – Книга Иудифи

Лев. – Левит

Мал. – Книга пророка Малахии

Мих. – Книга пророка Михея

Наум – Книга пророка Наума

Неем. – Книга Неемии

Ос. – Книга пророка Осии

1, 2 Пар. – Книги Паралипоменон

Песн. – Песнь Песней

Плач – Плач Иеремии

Прем. – Книга Премудрости Соломона

Притч. – Притчи Соломона

Пс. – Псалтирь

Руфь – Книга Руфи

Соф. – Книга пророка Софонии

Сир. – Книга Премудрости Иисуса, сына Сирахова

Суд. – Книга Судей

Тов. – Книга Товита

1, 2, 3, 4 Цар. – Книги Царств

Числ. – Числа

Гал. – Послание к Галатам

Деян. – Деяния апостолов

Евр. – Послание к Евреям

Еф. – Послание к Ефесянам

Иак. – Послание Иакова

Ин. – Евангелие от Иоанна

1, 2, 3 Ин. – Послания Иоанна

Иуд. – Послание Иуды

Кол. – Послание к Колоссянам

1, 2 Кор. – Послания к Коринфянам

Лк. – Евангелие от Луки

Мк. – Евангелие от Марка

Мф. – Евангелие от Матфея

Откр. – Откровение Иоанна Богослова (Апокалипсис)

1, 2 Петр. – Послания Петра

Рим. – Послание к Римлянам

1, 2 Тим. – Послания к Тимофею

Тит – Послание к Титу

1, 2 Фес. – Послания к Фессалоникийцам

Флм. – Послание к Филимону

Флп. – Послание к Филиппийцам

Изречение на 2023 год:

Ты Бог, видящий меня. (Быт. 16,13)

Январь

Увидел Бог всё, что Он создал, и вот, хорошо весьма. Быт. 1,31

1 воскресенье

Жаждет душа моя к Богу крепкому, живому: когда приду и явлюсь пред лицо Божие!
Пс. 41,3

Всякий просящий получает, и ищущий находит, и стучащему отворят.
Мф. 7,8

НОВЫЙ ГОД. ОБРЕЗАНИЕ И НАРЕЧЕНИЕ ИМЕНИ ИИСУСА

Иисус Христос вчера и сегодня и во веки Тот же.
Евр. 13,8

Псалом: 8,2.5–7 белый
Послание: Иак. 4,13–15
Проповедь/Евангелие: Лк. 4,16–21 ВЗ: Нав. 1,1–9

2 понедельник

Не дорогой ли у Меня сын Ефрем? не любимое ли дитя? ибо, как только заговорю о нем, всегда с любовью воспоминаю о нем; внутренность Моя возмущается за него; умилосержусь над ним, говорит Господь.
Иер. 31,20

Бог, богатый милостью, по Своей великой любви, которою возлюбил нас, и нас, мертвых по преступлениям, оживотворил со Христом.
Еф. 2,4–5

☼ Нав. 24,1–2*а*.13–18.25.26 ⊙ Быт. 1,1–13

3 вторник

Господи, вступись в дело мое и защити меня; по слову Твоему оживи меня.
Пс. 118,154

Но верен Господь, Который утвердит вас и сохранит от лукавого.
2 Фес. 3,3

☼ Исх. 2,1–10 ⊙ Быт. 1,14–25

4 среда

Ангел Господень коснулся Илии и сказал: встань, ешь, ибо дальняя дорога пред тобою.
3 Цар. 19,7

Укрепите опустившиеся руки и ослабевшие колени и ходите прямо ногами вашими.
Евр. 12,12–13

☼ Быт. 21,1–7 ⊙ Быт. 1,26–2,4*а*

5 четверг

Боже! Ты наставлял меня от юности моей, и доныне я возвещаю чудеса Твои.
Пс. 70,17

Симеон сказал: Ныне отпускаешь раба Твоего, Владыко, по слову Твоему, с миром, ибо видели очи мои спасение Твое, которое Ты уготовал пред лицом всех народов.
Лк. 2,29–31

☼ Быт. 9,8–11(12.13) ⊙ Быт. 2,4*б*–17

6 пятница

Езекия заболел смертельно. И помолился Господу, и Он услышал его и дал ему знамение. Но не воздал Езекия за оказанные ему благодеяния, ибо возгордилось сердце его.
2 Пар. 32,24–25

Бог гордым противится, а смиренным дает благодать.
1 Петр. 5,5

БОГОЯВЛЕНИЕ (ЭПИФАНИЯ)

Тьма проходит и истинный свет уже светит.
1 Ин. 2,8*б*

Псалом: 99,1–5 белый
Послание: Еф. 3,1–7
Евангелие: Мф. 2,1–12
ВЗ: Ис. 60,1–6 Проповедь: 2 Кор. 4,3–6

7 суббота

От восхода солнца до запада да будет прославляемо имя Господне.
Пс. 112,3

Бог же терпения и утешения да дарует вам быть в единомыслии между собою, по учению Христа Иисуса, дабы вы единодушно, едиными устами славили Бога и Отца Господа нашего Иисуса Христа.
Рим. 15,5–6

☼ Тит 2,11–14 ⊙ Быт. 2,18–25

8 воскресенье

Когда будешь давать нищему брату твоему, не должно скорбеть сердце твое.
Втор. 15,10

Давайте, и дастся вам.
Лк. 6,38

ПЕРВОЕ ВОСКРЕСЕНЬЕ ПОСЛЕ БОГОЯВЛЕНИЯ

Все, водимые Духом Божиим, суть сыны Божии.
Рим. 8,14

Псалом: 71,1–2.12.17*б* зеленый
Послание: Рим. 12,1–8
Евангелие: Мф. 3,13–17
ВЗ: Ис. 42,1–9 Проповедь: Ин. 1,29–34

---

9 понедельник

Не давай руки твоей нечестивому, чтоб быть свидетелем неправды.
Исх. 23,1

Братия мои, что только истинно, что честно, что справедливо, что чисто, что любезно, что достославно, что только добродетель и похвала, о том помышляйте.
Флп. 4,8

☼ Деян. 10,37–48 ⊙ Быт. 3,1–13

10 вторник

Моисей сказал Богу: кто я, чтобы мне идти к фараону и вывести из Египта сынов Израилевых? И сказал Бог: Я буду с тобою.
Исх. 3,11–12

Иисус говорит: Вот, Я посылаю вас, как овец среди волков: итак, будьте мудры, как змии, и просты, как голуби.
Мф. 10,16

☼ Лк. 18,15–17 ⊙ Быт. 3,14–24

11 среда

Услышал Господь моление мое; Господь примет молитву мою.
Пс. 6,10

Ты же, когда молишься, войди в комнату твою и, затворив дверь твою, помолись Отцу твоему, Который втайне; и Отец твой, видящий тайное, воздаст тебе явно.
Мф. 6,6

☼ Рим. 8,26–30 ⊙ Быт. 4,1–16

12 четверг

Итак, Израиль, чего требует от тебя Господь, Бог твой? Того только, чтобы ты боялся Господа, Бога твоего, ходил всеми путями Его, и любил Его, и служил Господу, Богу твоему, от всего сердца твоего и от всей души твоей.
Втор. 10,12

Кто соблюдает слово Его, в том истинно любовь Божия совершилась.
1 Ин. 2,5

☼ Еф. 1,3–10 ⊙ Быт. 4,17–26

13 пятница

Не бойтесь и не страшитесь: не издавна ли Я возвестил тебе и предсказал? И вы Мои свидетели.
Ис. 44,8

Мы – посланники от имени Христова, и как бы Сам Бог увещевает через нас; от имени Христова просим: примиритесь с Богом.
2 Кор. 5,20

☼ Лк. 12,49–53 ⊙ Быт. 6,1–4

14 суббота

Зародыш мой видели очи Твои; в Твоей книге записаны все дни, для меня назначенные.
Пс. 138,16

Не заботьтесь для души вашей.
Мф. 6,25

☼ Мф. 4,12–17 ⊙ Быт. 6,5–22

15 воскресенье

Соблюдение правды и правосудия более угодно Господу, нежели жертва.
Притч. 21,3

Как тело без духа мертво, так и вера без дел мертва.
Иак. 2,26

ВТОРОЕ ВОСКРЕСЕНЬЕ ПОСЛЕ БОГОЯВЛЕНИЯ

И от полноты Его все мы приняли и благодать на благодать.
Ин. 1,16

Псалом: 104,1–4 зеленый
Евангелие: Ин. 2,1–11
Послание: 1 Кор. 2,1–10 Проповедь/ВЗ: Исх. 33,18–23

16 понедельник

Радуются уста мои, когда я пою Тебе, и душа моя, которую Ты избавил.
Пс. 70,23

С радостью благодарите Бога и Отца, призвавшего нас к участию в наследии святых во свете.
Кол. 1,11–12

☼ Втор. 5,1–7(8–21) ⊙ Быт. 7,1–16

17 вторник

В сердце моем сокрыл я слово Твое, чтобы не грешить пред Тобою.
Пс. 118,11

Храни добрый залог Духом Святым, живущим в нас.
2 Тим. 1,14

☼ Мк. 2,23–28 ⊙ Быт. 7,17–24

18 среда

Ты ведешь милостью Твоею народ сей, который Ты избавил.
Исх. 15,13

Христос, чтобы привести нас к Богу, однажды пострадал за грехи наши, праведник за неправедных.
1 Петр. 3,18

☼ Рим. 9,31–10,8 ⊙ Быт. 8,1–12

19 четверг

Бог прозирает до концов земли и видит под всем небом.
Иов 28,24

Нет воли Отца вашего Небесного, чтобы погиб один из малых сих.
Мф. 18,14

☼ Деян. 15,22–31 ⊙ Быт. 8,13–22

20 пятница

Если будешь продавать что ближнему твоему, или будешь покупать что у ближнего твоего, не обижайте друг друга.
Лев. 25,14

Мы стараемся о добром не только пред Господом, но и пред людьми.
2 Кор. 8,21

☼ Гал. 5,1–6 ⊙ Быт. 9,1–17

21 суббота

Наг я вышел из чрева матери моей, наг и возвращусь.
Иов 1,21

Облекитесь в Господа нашего Иисуса Христа.
Рим. 13,14

☼ Втор. 33,1–4(7.12–16) ⊙ Быт. 9,18–28

22 воскресенье

Нет подобного Тебе, Господи! Ты велик, и имя Твое велико могуществом.
Иер. 10,6

Ибо никто не может положить другого основания, кроме положенного, которое есть Иисус Христос.
1 Кор. 3,11

ТРЕТЬЕ ВОСКРЕСЕНЬЕ ПОСЛЕ БОГОЯВЛЕНИЯ

И придут от востока и запада, и севера и юга, и возлягут в Царствии Божием.
Лк. 13,29

Псалом: 85,1*а*.2*б*.4.6–7 зеленый
Проповедь/Послание: Рим. 1,13–17
Евангелие: Мф. 8,5–13
ВЗ: 4 Цар. 5,(1–8)9–15(16–18)19*а*

---

23 понедельник

Да не постыжусь, что я на Тебя уповаю.
Пс. 24,20

И пошел дождь, и разлились реки, и подули ветры, и устремились на дом тот, и он не упал, потому что основан был на камне.
Мф. 7,25

☼ Деян. 16,9–15 ⊙ Быт. 11,1–9

24 вторник

Всевышнего избрал ты прибежищем твоим.
Пс. 90,9

Иисус говорит: Да не смущается сердце ваше; веруйте в Бога, и в Меня веруйте.
Ин. 14,1

☼ Рим. 15,7–13 ⊙ Быт. 11,27–12,9

25 среда

Праведность ведет к жизни, а стремящийся к злу стремится к смерти своей.
Притч. 11,19

Блаженны алчущие и жаждущие правды, ибо они насытятся.
Мф. 5,6

☼ Руфь 4,7–12 ⊙ Быт. 12,10–20

ДЕНЬ ОБРАЩЕНИЯ СВ. АПОСТОЛА ПАВЛА
Послание: Деян. 9,1–19 красный
Евангелие: Мф. 19,27–30

26 четверг

Ты исполнил сердце мое веселием с того времени, как у них хлеб и вино умножились.
Пс. 4,8

Ибо Царствие Божие не пища и питие, но праведность и мир и радость во Святом Духе.
Рим. 14,17

☼ Деян. 13,42–52 ⊙ Быт. 13,1–18

27 пятница

Будет праведный как дерево, посаженное при потоках вод, которое приносит плод свой во время свое и лист которого не вянет.
Пс. 1,3

Павел пишет: Молюсь о том, чтобы любовь ваша еще более и более возрастала в познании и всяком чувстве, исполнена плодов праведности Иисусом Христом, в славу и похвалу Божию.
Флп. 1,9.11

☼ Кол. 1,(21–23)24–29 ⊙ Быт. 14,1–16

28 суббота

Давид сказал Голиафу: ты идешь против меня с мечом и копьем и щитом, а я иду против тебя во имя Господа Саваофа.
1 Цар. 17,45

Не сообразуйтесь с веком сим.
Рим. 12,2

☼ Откр. 15,1–4 ⊙ Быт. 14,17–24

29 воскресенье

Господи, Боже сил! восстанови нас; да воссияет лицо Твое, и спасемся!
Пс. 79,20

По благоутробному милосердию Бога нашего, которым посетил нас Восток свыше, просветить сидящих во тьме.
Лк. 1,78–79

ПОСЛЕДНЕЕ ВОСКРЕСЕНЬЕ ПОСЛЕ БОГОЯВЛЕНИЯ
ПРЕОБРАЖЕНИЕ ГОСПОДНЕ

Над тобою воссияет Господь, и слава Его явится над тобою.
Ис. 60,2

Псалом: 96,1–2.6.12 зеленый
Послание: 2 Кор. 4,6–10
Проповедь/Евангелие: Мф. 17,1–9
ВЗ: Исх. 3,1–8*а*(8*б*.9)10(11–12)13–14(15)

---

30 понедельник

Господь – Бог наш хранил нас на всём пути, по которому мы шли.
Нав. 24,17

Се, Я с вами во все дни до скончания века.
Мф. 28,20

☼ 2 Кор. 3,(9–11)12–18 ⊙ Быт. 15,1–21

31 вторник

Боже, Ты – тот же, и лета Твои не кончатся.
Пс. 101,28

Благодать вам и мир от Того, Который есть и был и грядет.
Откр. 1,4

☼ Ин. 1,43–51 ⊙ Быт. 16,1–16

Февраль

И сказала Сарра: смех сделал мне Бог.

Быт. 21,6

1 среда

Обратитесь ко Мне, говорит Господь Саваоф, и Я обращусь к вам.
Зах. 1,3

Господь долготерпит нас, не желая, чтобы кто погиб, но чтобы все пришли к покаянию.
2 Петр. 3,9

☼ Откр. 1,(1.2)3–8 ⊙ Быт. 17,1–14

2 четверг

Я бодрствую над словом Моим, чтоб оно скоро исполнилось.
Иер. 1,12

Иисус говорит: Не думайте, что Я пришел нарушить закон или пророков: не нарушить пришел Я, но исполнить.
Мф. 5,17

☼ 2 Кор. 4,1–5 ⊙ Быт. 17,15–27

ПРАЗДНИК СРЕТЕНИЯ ГОСПОДНЯ

Придите и воззрите на дела Бога, страшного в делах над сынами человеческими.
Пс. 65,5

Псалом: 102,1–4 белый
Послание: Евр. 2,14–18
Евангелие: Лк. 2,22–35
ВЗ: Мал. 3,1–4

---

3 пятница

Какое безрассудство! Разве можно считать горшечника, как глину? Скажет ли изделие о сделавшем его: «не он сделал меня»? и скажет ли произведение о художнике своем: «он не разумеет»?
Ис. 29,16

Ибо мы – Его творение, созданы во Христе Иисусе на добрые дела.
Еф. 2,10

☼ Откр. 1,(9–11)12–18 ⊙ Быт. 18,1–15

4 суббота

Иаков положил обет: из всего, что Ты, Боже, даруешь мне, я дам Тебе десятую часть.
Быт. 28,22

Кто сеет скупо, тот скупо и пожнет; а кто сеет щедро, тот щедро и пожнет.
2 Кор. 9,6

☼ Числ. 6,22–27 ⊙ Быт. 18,16–33

5 воскресенье

Во дни благополучия пользуйся благом, а во дни несчастья размышляй: то и другое соделал Бог для того, чтобы человек ничего не мог сказать против Него.
Еккл. 7,14

Взгляните на птиц небесных: они ни сеют, ни жнут, ни собирают в житницы; и Отец ваш Небесный питает их. Вы не гораздо ли лучше их?

Мф. 6,26

ТРЕТЬЕ ВОСКРЕСЕНЬЕ ПЕРЕД СТРАСТНЫМ ВРЕМЕНЕМ
SEPTUAGESIMAE (70 ДНЕЙ ПЕРЕД ПАСХОЙ)

Мы повергаем моления наши пред Тобою, уповая не на праведность нашу, но на Твое великое милосердие.

Дан. 9,18

Псалом: 30,20*a*.23–24*a*.25 зеленый
Послание: Флп. 2,12–13
Евангелие: Мф. 20,1–16
ВЗ: Иер. 9,22–23 Проповедь: Мф. 9,9–13

---

6 понедельник

Лукаво сердце человеческое более всего и крайне испорчено; кто узнает его? Я, Господь, проникаю сердце и испытываю внутренности, чтобы воздать каждому по пути его.

Иер. 17,9–10

Делая добро, да не унываем, ибо в свое время пожнем, если не ослабеем.

Гал. 6,9

☼ Лк. 19,1–10 ⊙ Быт. 19,1–14

7 вторник

Как дождь и снег нисходит с неба и туда не возвращается, но напояет землю и делает ее способною рождать и произращать, чтобы она давала семя тому, кто сеет, и хлеб тому, кто ест, – так и слово Мое, которое исходит из уст Моих.
Ис. 55,10–11

Если пребудете во Мне и слова Мои в вас пребудут, то, чего ни пожелаете, просите, и будет вам. Тем прославится Отец Мой, если вы принесете много плода и будете Моими учениками.
Ин. 15,7–8

☼ Втор. 7,6–12 ⊙ Быт. 19,15–29

8 среда

О Господе веселится сердце наше, ибо на святое имя Его мы уповали.
Пс. 32,21

Всегда радуйтесь. Непрестанно молитесь.
1 Фес. 5,16–17

☼ Рим. 4,1–8 ⊙ Быт. 19,30–38

9 четверг

Умолкни пред лицом Господа Бога! ибо близок день Господень.
Соф. 1,7

Потому и вы будьте готовы, ибо в который час не думаете, приидет Сын Человеческий.
Мф. 24,44

☼ 1 Кор. 1,(1–3)4–8 ⊙ Быт. 21,1–21

10 пятница

Как прекрасны на горах ноги благовестника, возвещающего мир, благовествующего радость, проповедующего спасение, говорящего Сиону: «воцарился Бог твой!»
Ис. 52,7

Обуйте ноги в готовность благовествовать мир.
Еф. 6,15

☼ Мал. 3,13–18 ⊙ Быт. 22,1–19

11 суббота

Выведи из темницы душу мою, чтобы мне славить имя Твое.
Пс. 142,7

Если Сын освободит вас, то истинно свободны будете.
Ин. 8,36

☼ 1 Кор. 1,26–31 ⊙ Быт. 23,1–20

12 воскресенье

Только старайтесь тщательно любить Господа, Бога вашего, ходить всеми путями Его.
Нав. 22,5

Кто Мне служит, Мне да последует; и где Я, там и слуга Мой будет.
Ин. 12,26

ВТОРОЕ ВОСКРЕСЕНЬЕ ПЕРЕД СТРАСТНЫМ ВРЕМЕНЕМ
SEXAGESIMAE (60 ДНЕЙ ПЕРЕД ПАСХОЙ)

Ныне, когда услышите глас Его, не ожесточите сердец ваших.
Евр. 3,15

Псалом: 119,105.114.116–117 зеленый
Послание: Евр. 4,12–13
Евангелие: Лк. 8,4–8(9–15)
Проповедь/ВЗ: Ис. 55,(6–7)8–12*a*

13 понедельник

Не отвергни меня от лица Твоего и Духа Твоего Святого не отними от меня.
Пс. 50,13

Мытарь же, стоя вдали, не смел даже поднять глаз на небо; но, ударяя себя в грудь, говорил: «Боже! будь милостив ко мне, грешнику!»
Лк. 18,13

☼ Быт. 32,44–47 ⊙ Рим. 1,1–7

14 вторник

Как благ Бог к Израилю, к чистым сердцем!
Пс. 72,1

Блаженны чистые сердцем, ибо они Бога узрят.
Мф. 5,8

☼ Ам. 8,(4–10)11.12 ⊙ Рим. 1,8–15

15 среда

Я еще необычайно поступлю с этим народом, чудно и дивно, так что мудрость мудрецов его погибнет, и разума у разумных его не станет.
Ис. 29,14

Народ дивился, видя немых говорящими, увечных здоровыми, хромых ходящими и слепых видящими; и прославлял Бога Израилева.
Мф. 15,31

☼ Лк. 6,43–49 ⊙ Рим. 1,16–17

16 четверг

Господу воззвал я в скорби моей, и Он услышал меня.
Иона 2,3

Иисус говорит: У вас и волосы на голове все сочтены. Итак, не бойтесь.
Лк. 12,7

☼ 1 Фес. 1,2–10 ⊙ Рим. 1,18–32

17 пятница

Как многочисленны дела Твои, Господи! Все соделал Ты премудро; земля полна произведений Твоих.
Пс. 103,24

Достоин Ты, Господи, принять славу и честь и силу: ибо Ты сотворил всё, и всё по Твоей воле существует и сотворено.
Откр. 4,11

☼ 2 Тим. 3,(10–13)14–17 ⊙ Рим. 2,1–16

18 суббота

Кто мне на небе? и с Тобою ничего не хочу на земле.
Пс. 72,25

Ибо я уверен, что ни смерть, ни жизнь, ни Ангелы, ни Начала, ни Силы, ни настоящее, ни будущее, ни высота, ни глубина, ни другая какая тварь не может отлучить нас от любви Божией во Христе Иисусе, Господе нашем.
Рим. 8,38–39

☼ Мф. 13,31–35 ⊙ Рим. 2,17–29

19 воскресенье

Днем явит Господь милость Свою, и ночью песнь Ему у меня, молитва к Богу жизни моей.
Пс. 41,9

Отпустив народ, Иисус взошел на гору помолиться наедине; и вечером оставался там один.
Мф. 14,23

ВОСКРЕСЕНЬЕ ПЕРЕД СТРАСТНЫМ ВРЕМЕНЕМ ESTOMIHI
(Будь мне каменною твердынею. Пс. 30,3)

Вот, мы восходим в Иерусалим, и совершится всё, написанное через пророков о Сыне Человеческом.

Лк. 18,31

Псалом: 30,2.6.8–9 зеленый
Проповедь/Послание: 1 Кор. 13,1–13
Евангелие: Мк. 8,31–38
ВЗ: Ам. 5,21–24

20 понедельник

Человек, рожденный женою, краткодневен и пресыщен печалями: как цветок, он выходит и опадает; убегает, как тень, и не останавливается.
Иов 14,1–2

Не имеем здесь постоянного града, но ищем будущего.
Евр. 13,14

☼ Лк. 13,31–35 ⊙ Рим. 3,1–8

21 вторник

Сказал Давид Господу: тяжко согрешил я, поступив так; и ныне молю Тебя, Господи, прости грех раба Твоего.
2 Цар. 24,10

Если исповедуем грехи наши, то Он, будучи верен и праведен, простит нам грехи наши и очистит нас от всякой неправды.
1 Ин. 1,9

☼ Лк. 5,33–39 ⊙ Рим. 3,9–20

22 среда

Пепельная среда. Начало Страстного времени

Пойте Господу, хвалите Господа, ибо Он спасает душу бедного от руки злодеев.

Иер. 20,13

Сказала Мария: величит душа Моя Господа, и возрадовался дух Мой о Боге, Спасителе Моем, что призрел Он на смирение Рабы Своей.

Лк. 1,46–48

☼ Мф. 6,16–21 ⊙ Рим. 3,21–26

23 четверг

Обратитесь от злых путей ваших; для чего умирать вам, дом Израилев?

Иез. 33,11

Избавь нас от лукавого.

Мф. 6,13

☼ Кол. 3,(5–7)8–11 ⊙ Рим. 3,27–31

24 пятница

Дам вам завет вечный.

Ис. 55,3

Все обетования Божии в Нем «да», и в Нем «аминь», – в славу Божию.

2 Кор. 1,20

☼ Езд. 9,5–9.13–15 ⊙ Рим. 4,1–12

25 суббота

Слушайте слово Господне; ибо суд у Господа с жителями сей земли, потому что нет ни истины, ни милосердия, ни Богопознания на земле.
Ос. 4,1

Если же у кого из вас недостает мудрости, да просит у Бога, дающего всем просто и без упреков, – и дастся ему.
Иак. 1,5

☼ Дан. 5,1–7.17–30 ⊙ Рим. 4,13–25

26 воскресенье

Господь сохранит ногу твою от уловления.
Притч. 3,26

Иисус молится: Не молю, чтобы Ты взял их из мира, но чтобы сохранил их от зла.
Ин. 17,15

ПЕРВОЕ ВОСКРЕСЕНЬЕ СТРАСТНОГО ВРЕМЕНИ INVOCAVIT
(Воззовет ко мне, и услышу его. Пс. 90,15)

Для сего-то и явился Сын Божий, чтобы разрушить дела диавола.
1 Ин. 3,8*б*

Псалом: 90,1–2.11–12 фиолетовый
Послание: Евр. 4,14–16
Евангелие: Мф. 4,1–11
ВЗ: Быт. 3,1–19(20–24) Проповедь: Иов 2,1–13

---

27 понедельник

Господь идет судить землю. Он будет судить вселенную праведно и народы – верно.
Пс. 97,9

Кто не убоится Тебя, Господи, и не прославит имени Твоего? ибо Ты един свят. Все народы придут и поклонятся пред Тобою, ибо открылись суды Твои.
Откр. 15,4

☼ Иак. 1,1–6(7–11)12.13 ⊙ Рим. 5,1–5

28 вторник

Из глубины взываю к Тебе, Господи. Господи! услышь голос мой.
Пс. 129,1–2

Слепой закричал: Иисус, Сын Давидов! помилуй меня. Шедшие впереди заставляли его молчать; но он еще громче кричал: Сын Давидов! помилуй меня.
Лк. 18,38–39

☼ Иов 1,1–22 ⊙ Рим. 5,6–11

Март

Кто отлучит нас от любви Божией?

Рим. 8,35

1 среда

Сказал царь Даниилу: истинно Бог ваш есть Бог богов и Владыка царей.
Дан. 2,47

Павел сказал: Веришь ли, царь Агриппа, пророкам? Знаю, что веришь. Агриппа сказал Павлу: ты немного не убеждаешь меня сделаться Христианином.
Деян. 26,27–28

☼ 1 Кор. 10,9–13 ⊙ Рим. 5,12–21

2 четверг

Господь сказал Иакову: вот Я с тобою, и сохраню тебя везде, куда ты ни пойдешь; и возвращу тебя в сию землю.
Быт. 28,15

Верен Призывающий вас, Который и сотворит сие.
1 Фес. 5,24

☼ Иак. 4,1–10 ⊙ Рим. 6,1–11

3 пятница

Всемирный день молитвы

Ты поставил ноги мои на пространном месте.
Пс. 30,9

Бог да просветит очи сердца вашего, дабы вы познали, в чем состоит надежда призвания Его.
Еф. 1,18

☼ Евр. 2,11–18 ⊙ Рим. 6,12–23

4 суббота

Слова Господни – слова чистые, серебро, очищенное от земли в горниле, семь раз переплавленное.
Пс. 11,7

Слова, которые говорю Я вам, суть дух и жизнь.
Ин. 6,63

☼ 2 Фес. 3,1–5 ⊙ Рим. 7,1–6

5 воскресенье

Господь сказал, – и сделалось; Он повелел, – и явилось.
Пс. 32,9

Сотник сказал Иисусу: Господи! я недостоин, чтобы Ты вошел под кров мой, но скажи только слово, и выздоровеет слуга мой.
Мф. 8,8

ВТОРОЕ ВОСКРЕСЕНЬЕ СТРАСТНОГО ВРЕМЕНИ
REMINISCERE (Вспомни щедроты Твои, Господи. Пс. 24,6)

Бог Свою любовь к нам доказывает тем, что Христос умер за нас, когда мы были еще грешниками.
Рим. 5,8

Псалом: 9,24–25.33.39 фиолетовый
Послание: Рим. 5,1–5(6–11)
Евангелие: Ин. 3,14–21
ВЗ: Ис. 5,1–7 Проповедь: Мк. 12,1–12

6 понедельник

Так говорит Господь Саваоф: касающийся вас касается зеницы ока Его.
Зах. 2,8

Так как вы сделали это одному из сих братьев Моих меньших, то сделали Мне.
Мф. 25,40

☼ Гал. 6,(11–13)14–18 ⊙ Рим. 7,7–13

7 вторник

Господь, Бог наш, да не оставит нас, да не покинет нас.
3 Цар. 8,57

Господь же да управит сердца ваши в любовь Божию и в терпение Христово.
2 Фес. 3,5

☼ Иов 2,1–10 ⊙ Рим. 7,14–25

8 среда

О, земля, земля, земля! слушай слово Господне.
Иер. 22,29

Что на ухо слышите, проповедуйте на кровлях.
Мф. 10,27

☼ Ин. 16,29–33 ⊙ Рим. 8,1–11

9 четверг

Господь, Бог твой, с тобою; ты ни в чем не терпел недостатка.
Втор. 2,7

Иисус спросил своих учеников: Когда Я посылал вас без мешка и без сумы и без обуви, имели ли вы в чем недостаток? Они отвечали: ни в чем.
Лк. 22,35

☼ 1 Ин. 1,8–2,2 ⊙ Рим. 8,12–17

10 пятница

Не дремлет и не спит хранящий Израиля.
Пс. 120,4

Все заботы ваши возложите на Него, ибо Он печется о вас.
1 Петр. 5,7

☼ Евр. 9,11–15 ⊙ Рим. 8,18–25

11 суббота

Моисей сказал: Вот, я предлагаю вам сегодня благословение и проклятие: благословение, если послушаете заповедей Господа, Бога вашего, которые я заповедую вам сегодня, а проклятие, если не послушаете заповедей Господа, Бога вашего.
Втор. 11,26–28

Иисус говорит: Если заповеди Мои соблюдете, пребудете в любви Моей.

Ин. 15,10

☼ Гал. 2,16–21 ⊙ Рим. 8,26–30

12 воскресенье

Даст тебе Господь, Бог твой, успех во всяком деле рук твоих.

Втор. 30,9

Бог производит в вас и хотение и действие по Своему благоволению.

Флп. 2,13

ТРЕТЬЕ ВОСКРЕСЕНЬЕ СТРАСТНОГО ВРЕМЕНИ OCULI
(Очи мои всегда к Господу. Пс. 24,15)

Никто, возложивший руку свою на плуг и озирающийся назад, не благонадежен для Царствия Божия.

Лк. 9,62

Псалом: 33,18–20.23 фиолетовый
Послание: Еф. 5,1–2(3–7)8–9
Евангелие: Лк. 9,57–62
ВЗ: 3 Цар. 19,1–8(9–13*а*) Проповедь: Лк. 22,47–53

---

13 понедельник

Для чего язычникам говорить: «где же Бог их»? Бог наш на небесах; творит всё, что хочет.

Пс. 113,10–11

Оставляя времена неведения, Бог ныне повелевает людям всем повсюду покаяться.

Деян. 17,30

☼ Лк. 14,(25.26)27–33(34–35) ⊙ Рим. 8,31–39

14 вторник

Приду собрать все народы и языки, и они придут и увидят славу Мою.

Ис. 66,18

Бог, повелевший из тьмы воссиять свету, озарил наши сердца, дабы просветить нас познанием славы Божией в лице Иисуса Христа.

2 Кор. 4,6

☼ Иов 7,11–21 ⊙ Рим. 9,1–5

15 среда

Велика милость Его к нам, и истина Господня – вовек. Аллилуия.

Пс. 116,2

Благословен Бог и Отец Господа нашего Иисуса Христа, Отец милосердия и Бог всякого утешения.

2 Кор. 1,3

☼ Мф. 19,16–26 ⊙ Рим. 9,6–13

16 четверг

Он хранил народ Его, как зеницу ока Своего.

Втор. 32,10

Бог есть любовь, и пребывающий в любви пребывает в Боге, и Бог в нем.
1 Ин. 4,16

☼ 1 Фес. 2,13.14(15.16)17–20 ⊙ Рим. 9,14–29

17 пятница

Господи! очи Твои не к истине ли обращены?
Иер. 5,3

Верный в малом и во многом верен, а неверный в малом неверен и во многом.
Лк. 16,10

☼ Мк. 9,38–41(42–47) ⊙ Рим. 9,30–10,4

18 суббота

Все уклонились, сделались равно непотребными; нет делающего добро, нет ни одного.
Пс. 13,3

Тесны врата и узок путь, ведущие в жизнь, и немногие находят их.
Мф. 7,14

☼ Мф. 16,24–27(28) ⊙ Рим. 10,5–15

19 воскресенье

Нет столь святого, как Господь; ибо нет другого, кроме Тебя.
1 Цар. 2,2

По примеру призвавшего вас Святого, и сами будьте святы во всех поступках.
1 Петр. 1,15

ЧЕТВЕРТОЕ ВОСКРЕСЕНЬЕ СТРАСТНОГО ВРЕМЕНИ LAETARE
(Возвеселитесь с Иерусалимом. Ис. 66,10)

Если пшеничное зерно, пав в землю, не умрет, то останется одно; а если умрет, то принесет много плода.
Ин. 12,24

Псалом: 83,6–8.12 фиолетовый или розовый
Послание: 2 Кор. 1,3–7
Евангелие: Ин. 12,20–24
Проповедь/ВЗ: Ис. 54,7–10

20 понедельник

Придите, и будем ходить во свете Господнем.
Ис. 2,5

Иисус говорит: Я – свет миру; кто последует за Мною, тот не будет ходить во тьме, но будет иметь свет жизни.
Ин. 8,12

☼ Ин. 6,26–29 ⊙ Рим. 10,16–21

21 вторник

Не одним хлебом живет человек, но всяким словом, исходящим из уст Господа.
Втор. 8,3

Господи! к кому нам идти? Ты имеешь глаголы вечной жизни.

Ин. 6,68

☼ Иов 9,14–23.32–35 ⊙ Рим. 11,1–10

22 среда

Потерявшуюся отыщу и угнанную возвращу, и пораненную перевяжу, и больную укреплю.

Иез. 34,16

Пастырь, придя домой, созовет друзей и соседей и скажет им: «порадуйтесь со мною: я нашел мою пропавшую овцу.

Лк. 15,6

☼ Ин. 6,30–35(36) ⊙ Рим. 11,11–16

23 четверг

Ты укрощаешь шум морей, шум волн их и мятеж народов!

Пс. 64,8

Захария сказал: Бог Израилев клятвою клялся Аврааму, отцу нашему, дать нам, небоязненно, по избавлении от руки врагов наших, служить Ему во все дни жизни нашей.

Лк. 1,73–75

☼ 2 Кор. 4,11–18 ⊙ Рим. 11,17–24

24 пятница

Так говорит Господь: Я непрестанно говорил вам, говорил с раннего утра, и вы не послушались Меня.

Иер. 35,14

Иисус говорит: блаженны слышащие слово Божие и соблюдающие его.
Лк. 11,28

☼ Ин. 16,16–23*а* ⊙ Рим. 11,25–32

25 суббота

Долготерпеливый лучше храброго, и владеющий собою лучше завоевателя города.
Притч. 16,32

Блаженны миротворцы, ибо они будут наречены сынами Божиими.
Мф. 5,9

☼ Песн. 2,8–13 ⊙ Рим. 11,33–36

ПРАЗДНИК БЛАГОВЕЩЕНИЯ
Псалом: 1 Цар. 2,1–2.4.7 белый
Послание: Гал. 4,4–7
Евангелие: Лк. 1,26–38
ВЗ: Ис. 7,10-14

---

26 воскресенье

Соломон сказал, освящая храм: Поистине, Богу ли жить на земле?
3 Цар. 8,27

Бога не видел никто никогда; Единородный Сын, сущий в недре Отчем, Он явил.
Ин. 1,18

ПЯТОЕ ВОСКРЕСЕНЬЕ СТРАСТНОГО ВРЕМЕНИ – JUDICA
(Суди меня, Боже. Пс. 42,1)

Сын Человеческий не для того пришел, чтобы Ему служили, но чтобы послужить и отдать душу Свою для искупления многих.
Мф. 20,28

Псалом: 42,1*б*.2*б*–4*а* фиолетовый
Проповедь/Послание: Евр. 5,(1–6)7–9(10)
Евангелие: Мк. 10,35–45
ВЗ: Быт. 22,1–14(15–19)

27 понедельник

Как имя Твое, Боже, так и хвала Твоя до концов земли.
Пс. 47,11

Ходя же, проповедуйте, что приблизилось Царство Небесное.
Мф. 10,7

☼ Ин. 1,29–34 ⊙ Мф. 26,1–16

28 вторник

Он знает состав наш, помнит, что мы – персть.
Пс. 102,14

Всегда носим в теле мертвость Господа Иисуса, чтобы и жизнь Иисусова открылась в теле нашем.
2 Кор. 4,10

☼ Иов 19,21–27 ⊙ Мф. 26,17–30

29 среда

Хвалите Господа, все народы, прославляйте Его, все племена!
Пс. 116,1

Люди говорили в день Пятидесятницы: слышим их, нашими языками говорящих о великих делах Божиих.
Деян. 2,11

☼ Плач 3,1–8.14–20 ⊙ Мф. 26,31–35

30 четверг

Всему свое время, и время всякой вещи под небом.
Еккл. 3,1

Отозвав же двенадцать учеников Своих, Иисус сказал им: вот, мы восходим в Иерусалим, и совершится всё, написанное через пророков о Сыне Человеческом.
Лк. 18,31

☼ Иер. 15,15–21 ⊙ Мф. 26,36–46

31 пятница

Тогда возопили сыны Израилевы к Господу, и воздвигнул Господь спасителя сынам Израилевым, который спас их.
Суд. 3,9

Захария сказал: благословен Господь Бог Израилев, что посетил народ Свой и сотворил избавление ему.
Лк. 1,68

☼ Евр. 10,1.11–18 ⊙ Мф. 26,47–56

Апрель

**Христос для того и умер, и воскрес,
и ожил, чтобы владычествовать
и над мертвыми и над живыми.**

Рим. 14,9

1 суббота

Господь же не оставит народа Своего ради великого имени Своего.

1 Цар. 12,22

Если мы неверны, Он пребывает верен, ибо Себя отречься не может.

2 Тим. 2,13

☼ Откр. 14,1–3(4.5) ⊙ Мф. 26,57–68

2 воскресенье

Изменю печаль их на радость.

Иер. 31,13

Блаженны плачущие, ибо они утешатся.

Мф. 5,4

ВЕРБНОЕ ВОСКРЕСЕНЬЕ – PALMARUM
(Взяли пальмовые ветви. Ин. 12,13)

Должно вознесену быть Сыну Человеческому, дабы всякий, верующий в Него, не погиб, но имел жизнь вечную.

Ин. 3,14.15

Псалом: 68,17–19.30–31.33 фиолетовый
Послание: Флп. 2,5–11
Проповедь/Евангелие: Ин. 12,12–19
ВЗ: Ис. 50,4–9

---

3 понедельник

Всегда видел я пред собою Господа.

Пс. 15,8

Будем взирать на начальника и совершителя веры Иисуса, Который, вместо предлежавшей Ему радости, претерпел крест, пренебрегши посрамление.

Евр. 12,2

☼ Мф. 26,6–13 ⊙ Мф. 26,69–75

4 вторник

Не бойся, земля: радуйся и веселись, ибо Господь велик, чтобы совершить это.

Иоиль 2,21

Всё множество учеников начало в радости велегласно славить Бога за все чудеса, какие видели они, говоря: благословен Царь, грядущий во имя Господне!

Лк. 19,37–38

☼ Иов 38,1–11(40,1–5) ⊙ Мф. 27,1–14

5 среда

Господь любит правду и суд.

Пс. 32,5

Вы знаете благодать Господа нашего Иисуса Христа, что Он, будучи богат, обнищал ради вас, дабы вы обогатились Его нищетою.
2 Кор. 8,9

☼ Лк. 22,1–6 ⊙ Мф. 27,15–30

6 четверг

После конца потопа Бог сказал: во все дни земли сеяние и жатва, холод и зной, лето и зима, день и ночь не прекратятся.
Быт. 8,22

Иисус взяв хлеб и благодарив, преломил и подал им, говоря: сие есть тело Мое, которое за вас предается; сие творите в Мое воспоминание. Также и чашу после вечери, говоря: сия чаша есть Новый Завет в Моей крови, которая за вас проливается.
Лк. 22,19–20

⊙ Мф. 27,31–44

ВЕЛИКИЙ ЧЕТВЕРГ
ДЕНЬ УСТАНОВЛЕНИЯ ПРИЧАСТИЯ

Памятными соделал Он чудеса Свои; милостив и щедр Господь.
Пс. 110,4

Псалом: 110,1–2.4–6.9 белый
Послание: 1 Кор. 11,(17–22)23–26(27–29.33–34*а*)
Евангелие: Ин. 13,1–15.34–35
ВЗ: Исх. 12,1–4(5)6–8(9)10–14 Проповедь: Лк. 22,39–46

---

7 пятница

Вкусите и увидите, как благ Господь! Блажен человек, который уповает на Него!
Пс. 33,9

Один из злодеев сказал: помяни меня, Господи, когда приидешь в Царствие Твое! И сказал ему Иисус: истинно говорю тебе, ныне же будешь со Мною в раю.
Лк. 23,42–43

⊙ Мф. 27,45–56

СТРАСТНАЯ ПЯТНИЦА

Ибо так возлюбил Бог мир, что отдал Сына Своего Единородного, дабы всякий, верующий в Него, не погиб, но имел жизнь вечную.
Ин. 3,16

Псалом: 21,2–5.12.20 — фиолетовый или черный
Послание: 2 Кор. 5,(14б–18)19–21
Евангелие: Ин. 19,16–30
ВЗ: Ис. 52,13–15; 53,1–12 — Проповедь: Кол. 1,13–20

8 суббота

Господь извлек меня из страшного рва, из тинистого болота, и поставил на камне ноги мои и утвердил стопы мои.
Пс. 39,3

Христос был умерщвлен по плоти, но ожил духом, которым Он и находящимся в темнице духам, сойдя, проповедал.
1 Петр. 3,18–19

☼ 1 Петр. 3,18–22 — ⊙ Мф. 27,57–66

9 воскресенье

Ложусь я, сплю и встаю, ибо Господь защищает меня.
Пс. 3,6

Воскреснув рано в первый день недели, Иисус явился сперва Марии Магдалине, из которой изгнал семь бесов. Она пошла и возвестила бывшим с Ним, плачущим и рыдающим.
Мк. 16,9–10

⊙ Мф. 28,1–10

ПАСХА – ВОСКРЕСЕНИЕ ГОСПОДНЕ

Христос говорит: Я был мертв, и се, жив во веки веков, аминь; и имею ключи ада и смерти.
Откр. 1,18

Псалом: 117,15.17.22–24 белый
Проповедь/Послание: 1 Кор. 15,1–11
Евангелие: Мк. 16,1–8
ВЗ: 1 Цар. 2,1–8*а*

---

10 понедельник

Господь будет поборать за вас, а вы будьте спокойны.
Исх. 14,14

Благодарение Богу, даровавшему нам победу Господом нашим Иисусом Христом!
1 Кор. 15,57

⊙ Мф. 28,11–20

ПАСХАЛЬНАЯ НЕДЕЛЯ

Иисус Христос говорит: Я был мертв, и се, жив во веки веков, аминь; и имею ключи ада и смерти.

Откр. 1,18

Псалом: 117,15.17.22–24 белый

Послание: 1 Кор. 15,50–58

Проповедь/Евангелие: Лк. 24,13–35

ВЗ: Ис. 25,6–9

11 вторник

Господь – упование мое.

Пс. 90,9

Как умножаются в нас страдания Христовы, умножается Христом и утешение наше.

2 Кор. 1,5

☼ Ин. 20,1–10 ⊙ Рим. 12,1–8

12 среда

Я – Мои руки распростерли небеса, и всему воинству их дал закон Я.

Ис. 45,12

Всякое даяние доброе и всякий дар совершенный нисходит свыше, от Отца светов, у Которого нет изменения и ни тени перемены.

Иак. 1,17

☼ Ин. 20,11–18 ⊙ Рим. 12,9–16

13 четверг

Господи, по великому милосердию Твоему, Ты не истребил народ Твой до конца, и не оставлял их.
Неем. 9,31

Иисус говорит: Я живу, и вы будете жить.
Ин. 14,19

☼ Ин. 21,1–14 ⊙ Рим. 12,17–21

14 пятница

Вот, наступают дни, говорит Господь, и восставлю Давиду Отрасль праведную, и воцарится Царь, и будет поступать мудро, и будет производить суд и правду на земле.
Иер. 23,5

Христос избавил тех, которые от страха смерти через всю жизнь были подвержены рабству.
Евр. 2,15

☼ Лк. 24,36–47 ⊙ Рим. 13,1–7

15 суббота

Бог премудр сердцем и могущ силою; кто восставал против Него и оставался в покое?
Иов 9,4

А ты кто, человек, что споришь с Богом?
Рим. 9,20

☼ Лк. 24,1–12 ⊙ Рим. 13,8–14

16 воскресенье

Превозносите Господа, Бога нашего, и поклоняйтесь подножию Его: свято оно!
Пс. 98,5

По молитве апостолов, поколебалось место, где они были собраны, и исполнились все Духа Святого, и говорили слово Божие с дерзновением.
Деян. 4,31

ПЕРВОЕ ВОСКРЕСЕНЬЕ ПОСЛЕ ПАСХИ – QUASIMODOGENITI
(Как новорожденные младенцы. 1 Петр. 2,2)

Благословен Бог и Отец Господа нашего Иисуса Христа, по великой Своей милости возродивший нас воскресением Иисуса Христа из мертвых к упованию живому.
1 Петр. 1,3

Псалом: 114,3.8–9;115,4 белый
Послание: 1 Петр. 1,3–9
Евангелие: Ин. 20,19–20(21–23)24–29
ВЗ: Ис. 40,26–31 Проповедь: Быт. 32,23–32

17 понедельник

Вспомните издали о Господе, и да взойдет Иерусалим на сердце ваше.
Иер. 51,50

Вы уже не чужие и не пришельцы, но сограждане святым и свои Богу.
Еф. 2,19

☼ 1 Ин. 5,1–5 ⊙ Рим. 14,1–12

18 вторник

Господь, царь Израилев, посреди тебя: уже более не увидишь зла.
Соф. 3,15

Ибо дал нам Бог духа не боязни, но силы и любви и целомудрия.
2 Тим. 1,7

☼ Иов 42,7–13(14–17) ⊙ Рим. 14,13–23

19 среда

Я спасу вас, и вы будете благословением.
Зах. 8,13

Не потому, чтобы мы сами способны были помыслить что от себя, как бы от себя, но способность наша от Бога.
2 Кор. 3,5

☼ Ис. 66,6–13(14) ⊙ Рим. 15,1–6

20 четверг

Господь сказал: Я буду охранять город сей, чтобы спасти его ради Себя.
4 Цар. 19,34

Не бойся, малое стадо! ибо Отец ваш благоволил дать вам Царство.
Лк. 12,32

☼ 1 Петр. 2,1–10 ⊙ Рим. 15,7–13

21 пятница

Не произноси ложного свидетельства на ближнего твоего.
Исх. 20,16

Только доброе слово да исходит из уст ваших для назидания в вере, дабы оно доставляло благодать слушающим.
Еф. 4,29

☼ Откр. 7,13–17 ⊙ Рим. 15,14–21

22 суббота

Скажи мне, Господи, кончину мою и число дней моих, какое оно, дабы я знал, какой век мой.
Пс. 38,5

Знаем, что, когда земной наш дом, эта хижина, разрушится, мы имеем от Бога жилище на небесах, дом нерукотворенный, вечный.
2 Кор. 5,1

☼ Деян. 8,26–39 ⊙ Рим. 15,22–33

23 воскресенье

Может ли человек скрыться в тайное место, где Я не видел бы его? говорит Господь. Не наполняю ли Я небо и землю?
Иер. 23,24

Нет твари, сокровенной от Него, но все обнажено и открыто перед очами Его: Ему дадим отчет.
Евр. 4,13

ВТОРОЕ ВОСКРЕСЕНЬЕ ПОСЛЕ ПАСХИ – MISERICORDIAS DOMINI (Милости Господней полна земля. Пс. 32,5)

Христос говорит: Я есмь пастырь добрый. Овцы Мои слушаются голоса Моего, и Я знаю их; и они идут за Мною. и Я даю им жизнь вечную.
Ин. 10,11*а*.27–28*а*

Псалом: 22,1–4 белый
Послание: 1 Петр. 2,21*б*–25

Евангелие: Ин. 10,11–16(27–30)
ВЗ: Иез. 34,1–2(3–9)10–16.31 Проповедь: 1 Петр. 5,1–4

24 понедельник

Душа моя ожидает Господа более, нежели стражи – утра.
Пс. 129,6

Сохраняйте себя в любви Божией, ожидая милости от Господа нашего Иисуса Христа, для вечной жизни.
Иуд. 21

☼ Ин. 10,1–10 ⊙ Рим. 16,1–16

25 вторник

Во тьме восходит свет правым; благ он и милосерд и праведен.
Пс. 111,4

Кратковременное легкое страдание наше производит в безмерном преизбытке вечную славу, когда мы смотрим не на видимое, но на невидимое.
2 Кор. 4,17–18

☼ Мф. 9,35–10,1 ⊙ Рим. 16,17–27

ДЕНЬ СВ. ЕВАНГЕЛИСТА МАРКА
Послание: Деян. 15,36–41 красный
Евангелие: Лк. 10,1–9
ВЗ: Иез. 1,4–14

26 среда

Опять будет слышен голос радости и голос веселья, голос жениха и голос невесты, голос говорящих: «славьте Господа Саваофа, ибо благ Господь, ибо вовек милость Его».
Иер. 33,11

Явилась благодать Божия, спасительная для всех человеков.
Тит 2,11

☼ Ин. 17,20–26 ⊙ Притч. 1,1–7

27 четверг

Я образовал тебя: раб Мой ты, Израиль, не забывай Меня.
Ис. 44,21

Неужели Бог отверг народ Свой? Никак.
Рим. 11,1

☼ Еф. 4,11–16 ⊙ Притч. 1,8–19

28 пятница

Пусть не хвалится подпоясывающийся, как распоясывающийся.

3 Цар. 20,11

Обновитесь духом ума вашего.

Еф. 4,23

☼ Иез. 34,23–31 ⊙ Притч. 1,20–33

29 суббота

Поклонись пред Господом Богом твоим, и веселись о всех благах, которые Господь, Бог твой, дал тебе и дому твоему.

Втор. 26,10–11

Богатых в настоящем веке увещевай, чтобы они не высоко думали о себе и уповали не на богатство неверное, но на Бога живого, дающего нам всё обильно для наслаждения; чтобы они благодетельствовали, богатели добрыми делами, были щедры и общительны.

1 Тим. 6,17–18

☼ Ин. 14,1–6 ⊙ Притч. 2,1–22

30 воскресенье

Иаков пробудился от сна своего и сказал: истинно Господь присутствует на месте сем; а я не знал!

Быт. 28,16

Ученики сказали: Не горело ли в нас сердце наше, когда Он говорил нам на дороге и когда изъяснял нам Писание?
Лк. 24,32

ТРЕТЬЕ ВОСКРЕСЕНЬЕ ПОСЛЕ ПАСХИ – JUBILATE
(Воскликните Богу, вся земля. Пс. 65,1)

Кто во Христе, тот новая тварь; древнее прошло, теперь всё новое.
2 Кор. 5,17

Псалом: 65,5.7–9 белый
Послание: Деян. 17,22–34
Евангелие: Ин. 15,1–8
ВЗ: Быт. 1,1–4*а*(4*б*–25)26–28(29–30)31*а*(31*б*); 2,1–4*а*
Проповедь: Ин. 16,16–23*а*

Май

Не отказывай в благодеянии нуждающемуся, когда рука твоя в силе сделать его. Притч. 3,27

1 понедельник

Как велики знамения Бога и как могущественны чудеса Его! Царство Его – царство вечное, и владычество Его – в роды и роды.
Дан. 3,33

Мы, приемля царство непоколебимое, будем хранить благодать, которою будем служить благоугодно Богу.
Евр. 12,28

☼ Рим. 1,18–25 ⊙ Притч. 3,1–12

2 вторник

Господь благий да простит каждого, кто расположил сердце свое к тому, чтобы взыскать Господа Бога.
2 Пар. 30,19

Иисус говорит: Я пришел призвать не праведников, но грешников к покаянию.
Мк. 2,17

☼ 1 Тим. 4,(1–13)4.5 ⊙ Притч. 3,13–26

3 среда

Святы будьте, ибо свят Я – Господь, Бог ваш.
Лев. 19,2

Должно послужить к похвале славы Его нам, которые ранее уповали на Христа.
Еф. 1,12

☼ Ин. 8,31–36 ⊙ Притч. 3,27–35

4 четверг

Язык мой возгласит слово Твое, ибо все заповеди Твои праведны.

Пс. 118,172

Ибо я не стыжусь благовествования Христова, потому что оно есть сила Божия ко спасению всякому верующему.

Рим. 1,16

☼ Рим. 8,7–11 ⊙ Притч. 4,10–19

5 пятница

Изглажу грех земли сей в один день.

Зах. 3,9

Иисус Христос есть умилостивление за грехи наши, и не только за наши, но и за грехи всего мира.

1 Ин. 2,2

☼ Ин. 19,1–7 ⊙ Притч. 4,20–27

6 суббота

В тесноте моей я призвал Господа и к Богу моему воззвал. И Он услышал голос мой.

Пс. 17,7

Иисус спал на корме на возглавии. Его будят и говорят Ему: Учитель! неужели Тебе нужды нет, что мы погибаем?

Мк. 4,38

☼ Откр. 22,1–5` ⊙ Притч. 5,1–23

7 воскресенье

Если голоден враг твой, накорми его хлебом; и если он жаждет, напои его водою: ибо, делая сие, ты собираешь горящие угли на голову его, и Господь воздаст тебе.
Притч. 25,21–22

Любите врагов ваших, и благотворите, и взаймы давайте, не ожидая ничего; и будет вам награда великая, и будете сынами Всевышнего; ибо Он благ и к неблагодарным и злым.
Лк. 6,35

ЧЕТВЕРТОЕ ВОСКРЕСЕНЬЕ ПОСЛЕ ПАСХИ – CANTATE
(Воспойте Господу новую песнь. Пс. 97,1)

Воспойте Господу новую песнь, ибо Он сотворил чудеса.
Пс. 97,1

Псалом: 97,1б–4 белый
Послание: Кол. 3,12–17
Евангелие: Лк. 19,37–40
Проповедь/ВЗ: 1 Цар. 16,14–23

---

8 понедельник

Бог сказал Моисею: Я есмь Сущий.
Исх. 3,14

Если Бог за нас, кто против нас?
Рим. 8,31

☼ Притч. 8,22–32(33–36) ⊙ Притч. 6,6–11

9 вторник

Бог небесный воздвигнет царство, которое вовеки не разрушится.
Дан. 2,44

Иисус говорит ученикам: Я завещаваю вам, как завещал Мне Отец Мой, Царство, да ядите и пиете за трапезою Моею в Царстве Моем.
Лк. 22,29–30

☼ Рим. 15,14–21 ⊙ Притч. 6,12–19

10 среда

Разве рука Моя коротка стала для того, чтобы избавлять, или нет силы во Мне, чтобы спасать?
Ис. 50,2

Подошел прокаженный и, кланяясь Иисусу, сказал: Господи! если хочешь, можешь меня очистить.
Мф. 8,2

☼ Мф. 11,25–30 ⊙ Притч. 7,1–27

11 четверг

Так говорит Господь: когда в виноградной кисти находится сок, тогда говорят: «не повреди ее, ибо в ней благословение»; то же сделаю Я и ради рабов Моих, чтобы не всех погубить.
Ис. 65,8

Ибо не послал Бог Сына Своего в мир, чтобы судить мир, но чтобы мир спасен был через Него.
Ин. 3,17

☼ 1 Кор. 14,6–9.15–19 ⊙ Притч. 8,1–21

12 пятница

Они пошли со слезами, а Я поведу их с утешением; поведу их близ потоков вод дорогою ровною, на которой не споткнутся; ибо Я – отец Израилю.
Иер. 31,9

Так и вы теперь имеете печаль; но Я увижу вас опять, и возрадуется сердце ваше, и радости вашей никто не отнимет у вас.
Ин. 16,22

☼ Откр. 5,11–14 ⊙ Притч. 8,22–36

13 суббота

Я с тобою, чтобы спасать и избавлять тебя, говорит Господь.
Иер. 15,20

Посему да приступаем с дерзновением к престолу благодати, чтобы получить милость и обрести благодать для благовременной помощи.
Евр. 4,16

☼ Ин. 6,(60–62)63–69 ⊙ Притч. 9,1–18

14 воскресенье

Даниил сказал: Бог мой послал Ангела Своего и заградил пасть львам, и они не повредили мне.
Дан. 6,22

Иисус говорит: Овцы Мои слушаются голоса Моего, и Я знаю их; и они идут за Мною. И никто не похитит их из руки Моей.
Ин. 10,27.28

ПЯТОЕ ВОСКРЕСЕНЬЕ ПОСЛЕ ПАСХИ – ROGATE
(Просите. Ин. 16,24)

Благословен Бог, Который не отверг молитвы моей и не отвратил от меня милости Своей.
Пс. 65,20

Псалом: 94,1–2.6–7*a* белый
Проповедь/Послание: 1 Тим. 2,1–6*a*
Евангелие: Лк. 11,(1–4)5–13
ВЗ: Исх. 32,7–14

---

15 понедельник

Которых Он собрал от стран, от востока и запада, от севера и моря, Да славят Господа за милость Его и за чудные дела Его для сынов человеческих.
Пс. 106,3.8

Многие придут с востока и запада и возлягут с Авраамом, Исааком и Иаковом в Царстве Небесном.
Мф. 8,11

☼ Мк. 1,32–39 ⊙ Флп. 1,1–11

16 вторник

Они сидели во тьме и тени смертной, окованные скорбью и железом, но воззвали к Господу в скорби своей, и Он спас их от бедствий их. Да славят Господа за милость Его и за чудные дела Его для сынов человеческих.
Пс. 106,10.13.15

Блаженны изгнанные за правду, ибо их есть Царство Небесное.
Мф. 5,10

☼ Лк. 18,1–8 ⊙ Флп. 1,12–18*а*

17 среда

Господи! не в ярости Твоей обличай меня и не во гневе Твоем наказывай меня.
Пс. 6,2

Потому что Бог определил нас не на гнев, но к получению спасения через Господа нашего Иисуса Христа, умершего за нас.
1 Фес. 5,9–10

☼ Ин. 14,7–14 ⊙ Флп. 1,18*б*–26

18 четверг

Много замыслов в сердце человека, но состоится только определенное Господом.
Притч. 19,21

Посему они, сойдясь, спрашивали Иисуса, говоря: не в сие ли время, Господи, восстановляешь Ты царство Израилю? Он же сказал им: не ваше дело знать времена или сроки, которые Отец положил в Своей власти, но вы примете силу, когда сойдет на вас Дух Святой; и будете Мне свидетелями в Иерусалиме и во всей Иудее и Самарии и даже до края земли.

Деян. 1,6–9

ВОЗНЕСЕНИЕ ХРИСТОВО

Христос говорит: Когда Я вознесен буду от земли, всех привлеку к Себе.

Ин. 12,32

Псалом: 46,2.6.8–9 белый
Послание: Деян. 1,3–11
Проповедь/Евангелие: Лк. 24, (44–49)50–53
ВЗ: 3 Цар. 8,22–24.26–28

---

19 пятница

Узнает весь этот сонм, что не мечом и копьем спасает Господь.

1 Цар. 17,47

В какой дом войдете, сперва говорите: «мир дому сему».

Лк. 10,5

☼ Ин. 18,33–38 ⊙ Флп. 1,27–2,4

20 суббота

Я открылся не вопрошавшим обо Мне; Меня нашли не искавшие Меня.
Ис. 65,1

Многие же будут первые последними, и последние первыми.
Мф. 19,30

☼ Еф. 1,15–23 ⊙ Флп. 2,5–11

21 воскресенье

Возврати мне радость спасения Твоего и Духом владычественным утверди меня.
Пс. 50,14

Злостраждет ли кто из вас, пусть молится. Весел ли кто, пусть поет псалмы.
Иак. 5,13

ШЕСТОЕ ВОСКРЕСЕНЬЕ ПОСЛЕ ПАСХИ – EXAUDI
(Услышь, Господи, голос мой. Пс. 26,7)

Христос говорит: когда Я вознесен буду от земли, всех привлеку к Себе.
Ин. 12,32

Псалом: 26,1.8–9*б* белый
Послание: Еф. 3,14–21
Евангелие: Ин. 16,5–15
ВЗ: Иер. 31,31–34 Проповедь: 1 Цар. 3,1–10

---

22 понедельник

И похвалил я веселье; потому что нет лучшего для человека под солнцем, как есть, пить и веселиться: это сопровождает его в трудах во дни жизни его, которые дал ему Бог под солнцем.

Еккл. 8,15

Радуйтесь всегда в Господе.

Флп. 4,4

☼ Иез. 11,14–20 ⊙ Флп. 2,12–18

23 вторник

Смотрите, поступайте так, как повелел вам Господь, Бог ваш; не уклоняйтесь ни направо, ни налево.

Втор. 5,32

Иисус сказал ему: «возлюби Господа Бога твоего всем сердцем твоим и всею душою твоею и всем разумением твоим» – сия есть первая и наибольшая заповедь; вторая же подобная ей: «возлюби ближнего твоего, как самого себя».

Мф. 22,37–39

☼ Ис. 41,8–14(17–20) ⊙ Флп. 2,19–30

24 среда

Когда изнемогал во мне дух мой, Ты знал стезю мою.

Пс. 141,3

Придите ко Мне, все труждающиеся и обремененные, и Я успокою вас.
Мф. 11,28

☼ Ис. 32,11–18 ⊙ Флп. 3,1–11

25 четверг

И ты, Вифлеем-Ефрафа, мал ли ты между тысячами Иудиными? из тебя произойдет Мне Тот, Который должен быть Владыкою в Израиле и Которого происхождение из начала, от дней вечных.
Мих. 5,2

И беспрекословно – великая благочестия тайна: Бог явился во плоти, оправдал Себя в Духе, показал Себя Ангелам, проповедан в народах, принят верою в мире, вознесся во славе.
1 Тим. 3,16

☼ Деян. 1,12–26 ⊙ Флп. 3,12–21

26 пятница

Праведен Господь Бог наш во всех делах Своих, которые совершает.
Дан. 9,14

Бог показывает правду Его в настоящее время, да явится Он праведным и оправдывающим верующего в Иисуса.
Рим. 3,26

☼ Ин. 19,25–27 ⊙ Флп. 4,1–9

27 суббота

Бог верен, и нет неправды в Нем; Он праведен и истинен.
Втор. 32,4

Что Он пребывает в нас, узнаем по духу, который Он дал нам.
1 Ин. 3,24

☼ Зах. 4,1–14 ⊙ Флп. 4,10–23

28 воскресенье

Я буду для Иерусалима, говорит Господь, огненною стеною вокруг него.
Зах. 2,5

При наступлении дня Пятидесятницы явились им разделяющиеся языки, как бы огненные, и почили по одному на каждом из них. И исполнились все Духа Святого.
Деян. 2,1.3–4

ПЯТИДЕСЯТНИЦА
ПРАЗДНИК СОШЕСТВИЯ СВЯТОГО ДУХА

Не воинством и не силою, но Духом Моим, говорит Господь Саваоф.
Зах. 4,6

Псалом: 117,24–26*а*.27.29 красный
Послание: Деян. 2,1–21
Евангелие: Ин. 14,15–19(20–23*а*)23*б*–27
ВЗ: Быт. 11,1–9 Проповедь: 1 Кор. 2,12–16

---

29 понедельник

Мое серебро и Мое золото, говорит Господь Саваоф.
Агг. 2,8

У множества же уверовавших было одно сердце и одна душа; и никто ничего из имения своего не называл своим, но всё у них было общее.
Деян. 4,32

НЕДЕЛЯ ПОСЛЕ ПЯТИДЕСЯТНИЦЫ

Не воинством и не силою, но Духом Моим, говорит Господь Саваоф.
Зах. 4,6

Псалом: 117,24–26*а*.27.29 красный
Послание: 1 Кор. 12,4–11
Евангелие: Ин. 20,19–23
ВЗ: Числ. 11,11.14–17.24(26–30) Проповедь: Ин. 4,19–26

30 вторник

Разве рука Господня коротка?
Числ. 11,23

Иисус говорит: Истинно также говорю вам, что если двое из вас согласятся на земле просить о всяком деле, то, чего бы ни попросили, будет им от Отца Моего Небесного.
Мф. 18,19

☼ Деян. 4,23–31 ⊙ Быт. 24,1–28

31 среда

Ты обратил сетование мое в ликование, снял с меня вретище и препоясал меня веселием.
Пс. 29,12

Бог же надежды да исполнит вас всякой радости и мира в вере, дабы вы, силою Духа Святого, обогатились надеждою.
Рим. 15,13

☼ Деян. 8,(9–11)12–25 ⊙ Быт. 24,29–49

Июнь

Да даст тебе Бог от росы небесной и от тука земли, и множество хлеба и вина. Быт. 27,28

1 четверг

Поглощена будет смерть навеки.
Ис. 25,8

Познать Христа, и силу воскресения Его, и участие в страданиях Его, сообразуясь смерти Его, чтобы достигнуть воскресения мертвых.
Флп. 3,10–11

☼ Деян. 11,1–18 ⊙ Быт. 24,50–67

2 пятница

На месте сем Я дам мир, говорит Господь Саваоф.
Агг. 2,9

Да владычествует в сердцах ваших мир Божий, к которому вы и призваны в одном теле, и будьте дружелюбны.
Кол. 3,15

☼ Деян. 11,19–26 ⊙ Быт. 25,19–34

3 суббота

Се Царь твой грядет к тебе, праведный и спасающий, кроткий, сидящий на ослице.
Зах. 9,9

Блаженны кроткие, ибо они наследуют землю.
Мф. 5,5

☼ Деян. 18,1–11 ⊙ Быт. 27,1–29

4 воскресенье

Праведен Господь во всех путях Своих и благ во всех делах Своих.

Пс. 144,17

Я уверен в том, что начавший в вас доброе дело будет совершать его даже до дня Иисуса Христа.

Флп. 1,6

ТРОИЦА – ПРАЗДНИК СВЯТОГО ТРИЕДИНСТВА

Благодать Господа нашего Иисуса Христа, и любовь Бога Отца, и общение Святого Духа со всеми вами.

2 Кор. 13,13

Псалом: 144,1.3–4.13 белый
Послание: Рим. 11,(32)33–36
Евангелие: Ин. 3,1–8(9–13)
Проповедь/ВЗ: Ис. 6,1–8(9–13)

---

5 понедельник

Отец возвестит детям истину Твою.

Ис. 38,19

Посему, как вы приняли Христа Иисуса Господа, так и ходите в Нем, будучи укоренены и утверждены в Нем и укреплены в вере, как вы научены, преуспевая в ней с благодарением.

Кол. 2,6–7

☼ Исх. 3,13–20 ☉ Быт. 27,30–40

6 вторник

Господь Бог образовал из земли всех животных полевых и всех птиц небесных, и привел их к человеку. И нарек человек имена всем.

Быт. 2,19.20

Не пять ли малых птиц продаются за два ассария? и ни одна из них не забыта у Бога.

Лк. 12,6

☼ Ис. 43,8–13 ⊙ Быт. 27,41–28,9

7 среда

Ходите по тому пути, по которому повелел вам Господь, Бог ваш, дабы вы были живы.

Втор. 5,33

Всё, что писано было прежде, написано нам в наставление, чтобы мы терпением и утешением из Писаний сохраняли надежду.

Рим. 15,4

☼ Ис. 57,14–16 ⊙ Быт. 28,10–22

8 четверг

Вооз сказал Руфи: Ты пришла к Господу, чтоб успокоиться под Его крылами!

Руфь 2,12

Христос, придя, благовествовал мир вам, дальним и близким.
Еф. 2,17

☼ 2 Петр. 1,16–21 ⊙ Быт. 29,1–14*а*

9 пятница

Обратил Господь, Бог твой, проклятие его в благословение тебе, ибо Господь, Бог твой, любит тебя.
Втор. 23,5

Долготерпение Господа нашего почитайте спасением.
2 Петр. 3,15

☼ Евр. 2,(1–4)5–10 ⊙ Быт. 29,14*б*–30

10 суббота

Я напою душу утомленную и насыщу всякую душу скорбящую.
Иер. 31,25

Блаженны нищие духом, ибо их есть Царство Небесное.
Мф. 5,3

☼ Еф. 4,1–6 ⊙ Быт. 31,1–7.14–32

11 воскресенье

Обратитесь к Господу, от Которого вы столько отпали.
Ис. 31,6

Верно и всякого принятия достойно слово, что Христос Иисус пришел в мир спасти грешников.

1 Тим. 1,15

ПЕРВОЕ ВОСКРЕСЕНЬЕ ПОСЛЕ ТРОИЦЫ

Слушающий вас Меня слушает, и отвергающийся вас Меня отвергается.

Лк. 10,16

Псалом: 118,153–154.174–175 зеленый
Проповедь/Послание: 1 Ин. 4,(13–16*а*)16*б*–21
Евангелие: Лк. 16,19–31
ВЗ: Иер. 23,16–29

12 понедельник

Призри на страдание мое и на изнеможение мое и прости все грехи мои.

Пс. 24,18

Сказываю вам, что так на небесах более радости будет об одном грешнике кающемся, нежели о девяноста девяти праведниках, не имеющих нужды в покаянии.

Лк. 15,7

☼ Рим. 12,9–16 ⊙ Быт. 31,33–54

13 вторник

Да возвеличится сила Господня, как Ты сказал.

Числ. 14,17

Мария сказала: сотворил Мне величие Сильный, и свято имя Его.

Лк. 1,49

☼ Лк. 6,27–35 ⊙ Быт. 32,1–22

14 среда

Господом будет хвалиться душа моя; услышат кроткие и возвеселятся.

Пс. 33,3

Радуйтесь. Кротость ваша да будет известна всем человекам. Господь близко.

Флп. 4,4–5

☼ Ин. 12,1–8 ⊙ Быт. 32,23–33

15 четверг

Не буду уже скрывать от них лица Моего, потому что Я изолью дух Мой на дом Израилев, говорит Господь Бог.

Иез. 39,29

Сей самый Дух свидетельствует духу нашему, что мы – дети Божии.

Рим. 8,16

☼ Ин. 21,15–19 ⊙ Быт. 33,1–20

16 пятница

Да не будет этого, чтобы восстать нам против Господа и отступить ныне от Господа.

Нав. 22,29

Не будем оставлять собрания своего, как есть у некоторых обычай; но будем увещевать друг друга.

Евр. 10,25

☼ Ин. 15,9–17 ⊙ Быт. 37,1–11

17 суббота

Бог богов, Господь возглаголал и призывает землю, от восхода солнца до запада.
Пс. 49,1

Не придет Царствие Божие приметным образом, и не скажут: «вот, оно здесь», или: «вот, там». Ибо вот, Царствие Божие внутрь вас есть.
Лк. 17,20–21

☼ 1 Петр. 4,7–11 ⊙ Быт. 37,12–36

18 воскресенье

Твои небеса и Твоя земля; вселенную и что наполняет ее Ты основал. Север и юг Ты сотворил.
Пс. 88,12–13

Всё Христом и для Него создано; и Он есть прежде всего, и всё Им стоит.
Кол. 1,16–17

ВТОРОЕ ВОСКРЕСЕНЬЕ ПОСЛЕ ТРОИЦЫ

Придите ко Мне все труждающиеся и обремененные, и Я успокою вас.
Мф. 11,28

Псалом: 35,6–7*а*.8–9 зеленый
Послание: Еф. 2,(11–16)17–22
Проповедь/Евангелие: Лк. 14,(15)16–24
ВЗ: Ис. 55,1–5

---

19 понедельник

Все, оставляющие Тебя, посрамятся. Потому что оставили Господа, источник воды живой.
Иер. 17,13

Бог говорит: жаждущему дам даром от источника воды живой.
Откр. 21,6

☼ Притч. 9,1–10 ⊙ Быт. 39,1–23

20 вторник

Господь призрит на молитву беспомощных и не презрит моления их.
Пс. 101,18

Не заботьтесь ни о чем, но всегда в молитве и прошении с благодарением открывайте свои желания пред Богом.
Флп. 4,6

☼ Исх. 2,11–15(16–22)23–25 ⊙ Быт. 40,1–23

21 среда

Скорби сердца моего умножились; выведи меня из бед моих.
Пс. 24,17

Иисус говорит: В мире будете иметь скорбь; но мужайтесь: Я победил мир.
Ин. 16,33

☼ Мк. 1,40–45 ⊙ Быт. 41,1–36

22 четверг

Господи, вспомни, не разрушай завета Твоего с нами.
Иер. 14,21

Верен Бог, Которым вы призваны в общение Сына Его Иисуса Христа, Господа нашего.
1 Кор. 1,9

☼ Мф. 15,29–39 ⊙ Быт. 41,37–57

23 пятница

Господь сказал Моисею: увидит весь народ, среди которого ты находишься, дело Господа.
Исх. 34,10

Ходил Иисус по всей Галилее, уча в синагогах их и проповедуя Евангелие Царствия, и исцеляя всякую болезнь и всякую немощь в людях.
Мф. 4,23

☼ Ин. 6,37–40(41–46) ⊙ Быт. 42,1–28

24 суббота

О, человек! сказано тебе, что – добро и чего требует от тебя Господь: действовать справедливо, любить дела милосердия и смиренномудренно ходить пред Богом твоим.
Мих. 6,8

В вас должны быть те же чувствования, какие и во Христе Иисусе.
Флп. 2,5

⊙ Быт. 42,29–38

ПРАЗДНИК РОЖДЕСТВА ИОАННА КРЕСТИТЕЛЯ

Вот свидетельство Иоанна Крестителя: Ему должно расти, а мне умаляться.

Ин. 3,30

Псалом: 91,2–3.5.9 белый
Послание: Деян. 19,1–7
Евангелие: Лк. 1,(5–25)57–66.80
Проповедь/ВЗ: Ис. 40,1–8(9–11)

25 воскресенье

Видение относится еще к определенному времени и говорит о конце и не обманет.

Авв. 2,3

Будьте благоразумны и бодрствуйте в молитвах. Более же всего имейте усердную любовь друг ко другу.

1 Петр. 4,7–8

ТРЕТЬЕ ВОСКРЕСЕНЬЕ ПОСЛЕ ТРОИЦЫ

Ибо Сын Человеческий пришел взыскать и спасти погибшее.

Лк. 19,10

Псалом: 102,8.10–12 зеленый
Послание: 1 Тим. 1,12–17
Евангелие: Лк. 15,1–3.11б–32
ВЗ: Мих. 7,18–20 Проповедь: Иона (3,10); 4,1–11

ДЕНЬ АУГСБУРГСКОГО ВЕРОИСПОВЕДАНИЯ

Никто не может положить другого основания, кроме положенного, которое есть Иисус Христос.

1 Кор. 3,11

Псалом: 45,2–3.5.8 красный
Послание: 1 Тим. 6,11–16
Евангелие: Мф. 10,26–33
ВЗ: Неем. 7,73–8,12

26 понедельник

Если я пойду и долиною смертной тени, не убоюсь зла, потому что Ты со мной; Твой жезл и Твой посох – они успокаивают меня.

Пс. 22,4

Мы отовсюду притесняемы, но не стеснены; мы в отчаянных обстоятельствах, но не отчаиваемся; мы гонимы, но не оставлены; низлагаемы, но не погибаем.

2 Кор. 4,8–9

☼ 1 Ин. 3,19–24 ⊙ Быт. 43,1–14

27 вторник

Всякая плоть узнает, что Я Господь, Спаситель твой и Искупитель твой.

Ис. 49,26

Иисус говорит: дана Мне всякая власть на небе и на земле. Итак, идите, научите все народы, крестя их во имя Отца и Сына и Святого Духа, уча их соблюдать всё, что Я повелел вам.

Мф. 28,18–20

☼ Лк. 7,36–50 ⊙ Быт. 43,15–34

28 среда

Славлю имя Твое за милость Твою и за истину Твою, ибо Ты возвеличил слово Твое превыше всякого имени Твоего.
Пс. 137,2

Как возрожденные не от тленного семени, но от нетленного, от слова Божия, живого и пребывающего вовек.
1 Петр. 1,23

☼ Ин. 5,1–16 ⊙ Быт. 44,1–34

29 четверг

Со мною Господь, как сильный ратоборец.
Иер. 20,11

Благодарю давшего мне силу, Христа Иисуса, Господа нашего, что Он признал меня верным.
1 Тим. 1,12

☼ Мф. 16,13–19 ⊙ Быт. 45,1–24

ДЕНЬ СВВ. АПОСТОЛОВ ПЕТРА И ПАВЛА

Никто не может положить другого основания, кроме положенного, которое есть Иисус Христос.
1 Кор. 3,11

Псалом: 21 красный
Послание: Еф. 2,19–22
Евангелие: Мф. 16,13–19

---

30 пятница

Разве, упав, не встают и, совратившись с дороги, не возвращаются?

Иер. 8,4

Сказали Апостолы Господу: умножь в нас веру.

Лк. 17,5

☼ Гал. 3,6–14 ⊙ Быт. 45,25–46,7

Июль

Иисус Христос говорит: Любите врагов ваших и молитесь за гонящих вас, да будете сынами Отца вашего Небесного. Мф. 5,44–45

1 суббота

Господи, Тебе вверил я дело мое.
Иер. 11,20

Да будет воля Твоя и на земле, как на небе.
Мф. 6,10

☼ Рим. 8,1–6 ⊙ Быт. 46,28–34

2 воскресенье

Милости Твоей, Господи, полна земля; научи меня уставам Твоим.
Пс. 118,64

Итак, во всем, как хотите, чтобы с вами поступали люди, так поступайте и вы с ними, ибо в этом закон и пророки.
Мф. 7,12

ЧЕТВЕРТОЕ ВОСКРЕСЕНЬЕ ПОСЛЕ ТРОИЦЫ

Носите бремена друг друга, и таким образом исполните закон Христов.
Гал. 6,2

Псалом: 21,24*а*.25–27*а* зеленый
Послание: Рим. 12,17–21
Евангелие: Лк. 6,36–42
ВЗ: Быт. 50,15–21 Проповедь: 1 Петр. 3,8–17

ПРАЗДНИК ПОСЕЩЕНИЯ МАРИЕЙ ЕЛИСАВЕТЫ
Псалом: 1 Цар. 2,1–2.4.7 белый

Послание: 1 Тим. 3,16
Евангелие: Лк. 1,39–56
ВЗ: Ис. 11,1–5

3 понедельник

Благослови, душа моя, Господа и не забывай всех благодеяний Его.
Пс. 102,2

За всё благодарите: ибо такова о вас воля Божия во Христе Иисусе.
1 Фес. 5,18

☼ Лк. 5,17–26 ⊙ Быт. 47,1–12

4 вторник

Твердого духом Ты хранишь в совершенном мире, ибо на Тебя уповает он.
Ис. 26,3

Утверждающий же нас с вами во Христе есть Бог.
2 Кор. 1,21

☼ Мф. 18,15–20 ⊙ Быт. 47,27–31

5 среда

Я – Господь, Я не изменяюсь.
Мал. 3,6

Милость Его в роды родов к боящимся Его.
Лк. 1,50

☼ 1 Кор. 12,19–26 ⊙ Быт. 48,1–22

6 четверг

К Тебе, Господи, возношу душу мою. Боже мой! на Тебя уповаю, да не постыжусь.
Пс. 24,1-2

Закхей искал видеть Иисуса, кто Он.
Лк. 19,3

☼ Деян. 4,32–37 ⊙ Быт 49,1–28

7 пятница

Ты положил беззакония наши пред Тобою и тайное наше пред светом лица Твоего.
Пс. 89,8

Прости нам долги наши, как и мы прощаем должникам нашим.
Мф. 6,12

☼ Флп. 2,1–5 ⊙ Быт 49,29–50,14

8 суббота

Память праведника пребудет благословенна.
Притч. 10,7

Дабы вы не обленились, но подражали тем, которые верою и долготерпением наследуют обетования.
Евр. 6,12

☼ Гал. 6,1–5 ⊙ Быт. 50,15–26

9 воскресенье

Сонм его будет предстоять предо Мною.
Иер. 30,20

Павел пишет: Если есть какое утешение во Христе, если есть какая отрада любви, если есть какое общение духа, если есть какое милосердие и сострадательность, то дополните мою радость: имейте одни мысли, имейте ту же любовь, будьте единодушны и единомысленны.
Флп. 2,1–2

ПЯТОЕ ВОСКРЕСЕНЬЕ ПОСЛЕ ТРОИЦЫ

Ибо благодатью вы спасены через веру, и сие не от вас, Божий дар.
Еф. 2,8

Псалом: 72,24–26.28 зеленый
Послание: 1 Кор. 1,18–25
Евангелие: Лк. 5,1–11
ВЗ: Быт. 12,1–4*а* Проповедь: Ин. 1,35–51

---

10 понедельник

Придите, поклонимся и припадем, преклоним колени пред лицом Господа, Творца нашего.
Пс. 94,6

Царю же веков нетленному, невидимому, единому премудрому Богу честь и слава во веки веков.

1 Тим. 1,17

☼ Иер. 20,7–11 ⊙ Мф. 4,18–22

11 вторник

Нет ничего лучше, как наслаждаться человеку делами своими: потому что это – доля его.

Еккл. 3,22

Всё, что вы делаете, словом или делом, всё делайте во имя Господа Иисуса Христа, благодаря через Него Бога и Отца.

Кол. 3,17

☼ Иез. 2,3–8*a* ⊙ Мф. 4,23–25

12 среда

Пощади, Господи, народ Твой, не предай наследия Твоего на поругание.

Иоиль 2,17

Христос дал Себя за нас, чтобы избавить нас от всякого беззакония и очистить Себе народ особенный, ревностный к добрым делам.

Тит. 2,14

☼ Гал. 1,13–24 ⊙ Мф. 5,1–12

13 четверг

И сказал Рувим братьям своим: не проливайте крови.
Быт. 37,22

Всегда ищите добра и друг другу и всем.
1 Фес. 5,15

☼ Деян. 15,4–12 ⊙ Мф. 5,13–20

14 пятница

Ты народ святой у Господа, Бога твоего, и тебя избрал Господь, чтобы ты был собственным Его народом из всех народов, которые на земле.
Втор. 14,2

Все вы – сыны света и сыны дня: мы – не сыны ночи, ни тьмы.
1 Фес. 5,5

☼ Рим. 9,14–23(24–26) ⊙ Мф. 5,21–26

15 суббота

Бог увидел бедствие мое и труд рук моих.
Быт. 31,42

Павел пишет: знайте, что труд ваш не тщетен пред Господом.
1 Кор. 15,58

☼ 2 Кор. 12,1–10 ⊙ Мф. 5,27–32

16 воскресенье

Отрет Господь Бог слезы со всех лиц.
Ис. 25,8

Иисус говорит: Печаль ваша в радость будет.
Ин. 16,20

ШЕСТОЕ ВОСКРЕСЕНЬЕ ПОСЛЕ ТРОИЦЫ

Так говорит Господь, сотворивший тебя: не бойся, ибо Я искупил тебя, назвал тебя по имени твоему; ты Мой!
Ис. 43,1

Псалом: 66,2–3.5–6 зеленый
Евангелие: Мф. 28,16–20
Послание: Рим. 6,3–8(9–11)
Проповедь/ВЗ: Ис. 43,1–7

---

17 понедельник

Написал Я важные законы Мои, но они сочтены как бы чужие.
Ос. 8,12

Иисус говорит: Всякого, кто слушает слова Мои сии и исполняет их, уподоблю мужу благоразумному, который построил дом свой на камне.
Мф. 7,24

☼ Исх. 14,15–22 ⊙ Мф. 5,33–37

18 вторник

Хвалите Бога по могуществу Его, хвалите Его по множеству величия Его.
Пс. 149,2

Невидимое Его, вечная сила Его и Божество, от создания мира через рассматривание творений видимы.
Рим. 1,20

☼ Исх. 32,23–32(33) ⊙ Мф. 5,38–48

19 среда

Боже, вспомни сонм Твой, который Ты стяжал издревле, искупил в жезл достояния Твоего.
Пс. 73,2

Иисус говорит: Где двое или трое собраны во имя Мое, там Я посреди них.
Мф. 18,20

☼ Деян. 16,23–34 ⊙ Мф. 6,1–4

20 четверг

В Боге спасение мое и слава моя.
Пс. 61,8

Иисус сказал женщине: Дерзай, дщерь! вера твоя спасла тебя; иди с миром.
Лк. 8,48

☼ Мф. 18,1–6 ⊙ Мф. 6,5–15

21 пятница

Когда загремел звук труб и кимвалов и музыкальных орудий, и восхваляли Господа, ибо Он благ, ибо вовек милость Его; тогда слава Господня наполнила дом Божий.
2 Пар. 5,13.14

Святой город Иерусалим, новый, не имеет нужды ни в солнце, ни в луне для освещения своего, ибо слава Божия осветила его, и светильник его – Агнец.
Откр. 21,2.23

☼ 1 Ин. 5,6–10 ⊙ Мф. 6,16–18

22 суббота

Вот Он, Бог наш! на Него мы уповали; возрадуемся и возвеселимся во спасении Его!
Ис. 25,9

Вера же есть осуществление ожидаемого и уверенность в невидимом.
Евр. 11,1

☼ Откр. 3,1–6 ⊙ Мф. 6,19–23

23 воскресенье

Ты благословляешь праведника, Господи; благоволением, как щитом, венчаешь его.
Пс. 5,13

Рожденный от Бога хранит себя, и лукавый не прикасается к нему.
1 Ин. 5,18

СЕДЬМОЕ ВОСКРЕСЕНЬЕ ПОСЛЕ ТРОИЦЫ

Итак, вы уже не чужие и не пришельцы, но сограждане святым и свои Богу.
Еф. 2,19

Псалом: 106,5–6.8–9 зеленый
Евангелие: Ин. 6,1–15
Проповедь/Послание: Деян. 2,41–47
ВЗ: Исх. 16,2–3.11–18

---

24 понедельник

Он направляет меня на стези правды ради имени Своего.
Пс. 22, 3

Я есмь пастырь добрый; и знаю Моих, и Мои знают Меня.
Ин. 10,14

☼ Ин. 6,47–51 ⊙ Мф. 6,24–34

25 вторник

Я прославлю Тебя в собрании великом, среди народа многочисленного восхвалю Тебя.
Пс. 34,18

Назидайте самих себя псалмами и славословиями и песнопениями духовными, пойте и воспевайте в сердцах ваших Господу.
Еф. 5,19

☼ Мф. 22,1–14 ⊙ Мф. 7,1–6

26 среда

Скрылся Адам и жена его от лица Господа Бога.
Быт. 3,8

В любви нет страха, но совершенная любовь изгоняет страх.
1 Ин. 4,18

☼ Деян. 10,(21–23)24–36 ⊙ Мф. 7,7–11

27 четверг

Я, Я Господь, и нет Спасителя кроме Меня.
Ис. 43,11

Сия же есть жизнь вечная, да знают Тебя, единого истинного Бога, и посланного Тобою Иисуса Христа.
Ин. 17,3

☼ 1 Кор. 10,16.17 ⊙ Мф. 7,12–23

28 пятница

Любящие Господа, ненавидьте зло!
Пс. 96,10

Не можете служить Богу и маммоне.
Мф. 6,24

☼ Лк. 22,14–20 ⊙ Мф. 7,24–29

29 суббота

В день скорби моей ищу Господа; рука моя простерта ночью и не опускается.
Пс. 76,3

Иисус говорит ученикам: Душа Моя скорбит смертельно; побудьте здесь и бодрствуйте со Мною. И, отойдя немного, пал на лицо Свое и молился.
Мф. 26,38–39

☼ Откр. 19,4–9 ⊙ Мф. 8,1–4

30 воскресенье

Объявил я пути мои, и Ты услышал меня; научи меня уставам Твоим.
Пс. 118,26

Когда мы знаем, что Он слушает нас во всем, чего бы мы ни просили, – знаем и то, что получаем просимое от Него.
1 Ин. 5,15

ВОСЬМОЕ ВОСКРЕСЕНЬЕ ПОСЛЕ ТРОИЦЫ

Поступайте, как чада света, потому что плод Духа состоит во всякой благости, праведности и истине.
Еф. 5,8*б*.9

Псалом: 47,2–3*а*.9.15 зеленый
Проповедь/Евангелие: Мф. 5,13–16
Послание: Еф. 5,8*б*–14
ВЗ: Ис. 2,1–5

31 понедельник

Грехов юности моей и преступлений моих не вспоминай; по милости Твоей вспомни меня Ты, ради благости Твоей, Господи!

Пс. 24,7

Иисус говорит Никодиму: Не удивляйся тому, что Я сказал тебе: «должно вам родиться свыше».

Ин. 3,7

☼ Мф. 7,7–12 ⊙ Мф. 8,5–13

Август

Ты помощь моя, и в тени крыл Твоих я возрадуюсь. Пс. 62,8

1 вторник

А мне благо приближаться к Богу! На Господа Бога я возложил упование мое, чтобы возвещать все дела Твои.
Пс. 72,28

Исцеленный вошел с Петром и Иоанном в храм, ходя и скача, и хваля Бога.
Деян. 3,8

☼ Мф. 5,33–37 ⊙ Мф. 8,14–17

2 среда

Из тесноты воззвал я к Господу, – и услышал меня, и на пространное место вывел меня Господь.
Пс. 117,5

Павел пишет: И надежда наша о вас тверда; знаем, что вы участвуете как в страданиях наших, так и в утешении.
2 Кор. 1,7

☼ Притч. 8,12–21 ⊙ Мф. 8,18–22

3 четверг

Благочестие ваше, как роса, скоро исчезающая.
Ос. 6,4

Если я говорю языками человеческими и ангельскими, а любви не имею, то я – медь звенящая или кимвал звучащий.
1 Кор. 13,1

☼ 1 Кор. 12,27–13,3 ⊙ Мф. 8,23–27

4 пятница

Не торопись языком твоим, и сердце твое да не спешит произнести слово пред Богом; потому что Бог на небе, а ты на земле; поэтому слова твои да будут немноги.
Еккл. 5,1

Не судите, да не судимы будете.
Мф. 7,1

☼ Еф. 4,25–32 ⊙ Мф. 8,28–34

5 суббота

Услышь, Господи, слова мои, уразумей помышления мои. Внемли гласу вопля моего, ибо я к Тебе молюсь.
Пс. 5,2.3

Всё, чего ни будете просить в молитве, верьте, что получите, – и будет вам.
Мк. 11,24

☼ Флп. 2,(13)14–18 ⊙ Мф. 9,1–8

6 воскресенье

На Тебя уповали отцы наши; уповали, и Ты избавлял их.
Пс. 21,5

Господь весьма милосерд и сострадателен.
Иак. 5,11

ДЕВЯТОЕ ВОСКРЕСЕНЬЕ ПОСЛЕ ТРОИЦЫ

И от всякого, кому дано много, много и потребуется, и кому много вверено, с того больше взыщут.
Лк. 12,48

Псалом: 39,9.11–12 зеленый
Послание: Флп. 3,(4б–6)7–14
Евангелие: Мф. 13,44–46
ВЗ: Иер. 1,4–10 Проповедь: 3 Цар. 3,(5–15)16–28

7 понедельник

И был Иосиф в темнице. И Господь был с ним.
Быт. 39,20.21

Около полуночи Павел и Сила, молясь, воспевали Бога; узники же слушали их.
Деян. 16,25

☼ Лк. 16,10–13 ⊙ Мф. 9,9–13

8 вторник

Народ Мой насытится благами Моими, говорит Господь.
Иер. 31,14

Служите друг другу, каждый тем даром, какой получил, как добрые домостроители многоразличной благодати Божией.
1 Петр. 4,10

☼ 3 Цар. 3,16–28 ⊙ Мф. 9,14–17

9 среда

Велик мир у любящих закон Твой, и нет им преткновения.
Пс. 118,165

Слово Христово да вселяется в вас обильно, со всякою премудростью.
Кол. 3,16

☼ 1 Кор. 10,23–31 ⊙ Мф. 9,18–26

10 четверг

Вот, душа надменная не успокоится, а праведный своею верою жив будет.
Авв. 2,4

Отложив всякую нечистоту и остаток злобы, в кротости примите насаждаемое слово, могущее спасти ваши души.
Иак. 1,21

☼ 1 Тим. 4,6–16 ⊙ Мф. 9,27–34

11 пятница

Бог знает, что во мраке, и свет обитает с Ним.
Дан. 2,22

И свет во тьме светит.
Ин. 1,5

☼ Иер. 1,11–19 ⊙ Мф. 9,35–10,4

12 суббота

Возрадовалось сердце мое в Господе.
1 Цар. 2,1

Радуйтесь тому, что имена ваши написаны на небесах.
Лк. 10,20

☼ Лк. 12,42–48 ⊙ Мф. 10,5–15

13 воскресенье

Бог делает великое, неисследимое и чудное без числа!
Иов 9,10

Благословен Бог и Отец Господа нашего Иисуса Христа, благословивший нас во Христе всяким духовным благословением в небесах.
Еф. 1,3

ДЕСЯТОЕ ВОСКРЕСЕНЬЕ ПОСЛЕ ТРОИЦЫ
(Воскресенье Израиля)

Блажен народ, у которого Господь есть Бог, – племя, которое Он избрал в наследие Себе.
Пс. 32,12

Псалом: 105,4–5*а*.6.47*а* зеленый
Послание: Рим. 11,25–32
Евангелие: Мк. 12,28–34
ВЗ: Исх. 19,1–6 Проповедь: Втор. 4,5–20

14 понедельник

Открывай уста твои за безгласного и для защиты всех сирот.
Притч. 31,8

Помните узников, как бы и вы с ними были в узах, и страждущих, как и сами находитесь в теле.
Евр. 13,3

☼ Рим. 11,1–6(7–10)11.12 ⊙ Мф. 10,16–26*а*

15 вторник

Когда Господу угодны пути человека, Он и врагов его примиряет с ним.
Притч. 16,7

Любите врагов ваших и молитесь за гонящих вас, да будете сынами Отца вашего Небесного.
Мф. 5,44–45

☼ Ис. 51,1–6(7) ⊙ Мф. 10,26*б*–33

16 среда

Странники мы пред Тобою и пришельцы, как и все отцы наши, как тень дни наши на земле, и нет ничего прочного.
1 Пар. 29,15

Посему мы не унываем; но если внешний наш человек и тлеет, то внутренний со дня на день обновляется.
2 Кор. 4,16

☼ Ин. 4,19–26 ⊙ Мф. 10,34–39

17 четверг

Гедеон сказал им: я не буду владеть вами; Господь да владеет вами.
Суд. 8,23

Больший из вас да будет вам слуга.
Мф. 23,11

☼ Рим. 11,(13–16)17–24 ⊙ Мф. 10,40–42

18 пятница

Блаженны хранящие откровения Его, всем сердцем ищущие Его.
Пс. 118,2

Итак, кто нарушит одну из заповедей сих малейших и научит так людей, тот малейшим наречется в Царстве Небесном; а кто сотворит и научит, тот великим наречется в Царстве Небесном.
Мф. 5,19

☼ Еф. 2,11–18 ⊙ Мф. 11,1–19

19 суббота

А меня, Господи, Ты знаешь, видишь меня и испытываешь сердце мое, каково оно к Тебе.
Иер. 12,3

Истинною любовью все возращали в Того, Который есть глава Христос.
Еф. 4,15

☼ Втор. 4,27–35(36–40) ⊙ Мф. 11,20–24

20 воскресенье

И сказал Бог: да будет свет. И стал свет.
Быт. 1,3

Плод Духа состоит во всякой благости, праведности и истине.
Еф. 5,9

ОДИННАДЦАТОЕ ВОСКРЕСЕНЬЕ ПОСЛЕ ТРОИЦЫ

Бог гордым противится, а смиренным дает благодать.
1 Петр. 5,5

Псалом: 112,5–7.2 — зеленый
Послание: Еф. 2,4–10
Евангелие: Лк. 18,9–14
ВЗ: 2 Цар. 12,1–10.13–15*а* — Проповедь: Лк. 7,36–50

21 понедельник

И дам им сердце, чтобы знать Меня, что Я – Господь.
Иер. 24,7

Павел пишет: Молитесь также и о нас, чтобы Бог отверз нам дверь для слова, возвещать тайну Христову.
Кол. 4,3

☼ Мф. 23,1–2 — ⊙ Мф. 11,25–30

22 вторник

Искушает вас Господь, Бог ваш, чтобы узнать, любите ли вы Господа, Бога вашего, от всего сердца вашего и от всей души вашей.

Втор. 13,3

Верен Бог, Который не попустит вам быть искушаемыми сверх сил, но при искушении даст и облегчение, так чтобы вы могли перенести.

1 Кор. 10,13

☼ 1 Цар. 17,38–51 ⊙ Мф. 12,1–14

23 среда

Воспомяну милости Господни и славу Господню за все, что Господь даровал нам.

Ис. 63,7

Ибо вы вкусили, что благ Господь.

1 Петр. 2,3

☼ Ин. 8,3–11 ⊙ Мф. 12,15–21

24 четверг

Господь сказал Мне: Ты раб Мой, Израиль, в Тебе Я прославлюсь.

Ис. 49,3

Бог послал сынам Израилевым слово, благовествуя мир через Иисуса Христа; Сей есть Господь всех.

Деян. 10,36

☼ 1 Петр. 5,1–5 ⊙ Мф. 12,22–37

25 пятница

А Я сказал: напрасно Я трудился, ни на что и вотще истощал силу Свою. Но Мое право у Господа, и награда Моя у Бога Моего.
Ис. 49,4

Итак, братия, будьте долготерпеливы до пришествия Господня. Вот, земледелец ждет драгоценного плода от земли и для него терпит долго, пока получит дождь ранний и поздний.
Иак. 5,7

☼ Лк. 22,54–62 ⊙ Мф. 12,38–45

26 суббота

Раздели с голодным хлеб твой.
Ис. 58,7

Не забывайте также благотворения и общительности, ибо таковые жертвы благоугодны Богу.
Евр. 13,16

☼ Мк. 7,24–30 ⊙ Мф. 12,46–50

27 воскресенье

Господь, Бог твой, благословил тебя во всяком деле рук твоих.
Втор. 2,7

От полноты Его все мы приняли и благодать на благодать.
Ин. 1,16

ДВЕНАДЦАТОЕ ВОСКРЕСЕНЬЕ ПОСЛЕ ТРОИЦЫ

Трости надломленной не переломит, и льна курящегося не угасит.
Ис. 42,3*а*

Псалом: 146,1.3.7.11 — зеленый
Послание: Деян. 9,1–20
Евангелие: Мк. 7,31–37
Проповедь/ВЗ: Ис. 29,17–24

28 понедельник

Владычествующий над людьми будет праведен, владычествуя в страхе Божием, как на рассвете утра, при восходе солнца.
2 Цар. 23,3–4

Иисус говорит: возьмите иго Мое на себя и научитесь от Меня, ибо Я кроток и смирен сердцем, и найдете покой душам вашим.
Мф. 11,29

☼ Мф. 9,27–34 — ⊙ Мф. 13,1–9.18–23

ДЕНЬ ПАМЯТИ ЖЕРТВ ПОЛИТИЧЕСКИХ РЕПРЕССИЙ

Псалом: 118,81–82.88.90*а*.91*б* — красный
Послание: 2 Тим. 2,8–13 или Евр. 10,32–39 или 2 Кор. 1,3–6
Евангелие: Мк. 8,31–35 или Мк. 13,5–13 или Лк. 12,1–8

29 вторник

Я Господь, Бог твой, научающий тебя полезному, ведущий тебя по тому пути, по которому должно тебе идти.
Ис. 48,17

Мария села у ног Иисуса и слушала слово Его.
Лк. 10,39

☼ Мк. 3,1–10(11.12) ⊙ Мф. 13,10–17

30 среда

Господи, не погубляй народа Твоего и удела Твоего, который Ты избавил величием крепости Твоей.
Втор. 9,26

Бог Сына Своего не пощадил, но предал Его за всех нас, как с Ним не дарует нам и всего?
Рим. 8,32

☼ Ин. 4,46–54 ⊙ Мф. 13,24–30.36–43

31 четверг

Господь хлебом небесным насыщал их. Разверз камень, и потекли воды, потекли рекою по местам сухим, ибо вспомнил Он святое слово Свое.
Пс. 104,40–42

Хлеб наш насущный дай нам на сей день.
Мф. 6,11

☼ Лк. 8,1–3 ⊙ Мф. 13,31–35

Сентябрь

Иисус Христос говорит: А вы за кого почитаете Меня? Мф. 16,15

1 пятница

Ты утомлена множеством советов твоих.
Ис. 47,13

Не мечтайте о себе.
Рим. 12,16

☼ Мф. 12,15–21 ⊙ Мф. 13,44–46

2 суббота

Не внимай пустому слуху.
Исх. 23,1

Посему, отвергнув ложь, говорите истину каждый ближнему своему, потому что мы члены друг другу.
Еф. 4,25

☼ Деян. 9,31–35 ⊙ Мф. 13,47–52

3 воскресенье

Призри с небес и посмотри из жилища святыни Твоей и славы Твоей: где ревность Твоя и могущество Твое?
Ис. 63,15

А мы духом ожидаем и надеемся праведности от веры.
Гал. 5,5

ТРИНАДЦАТОЕ ВОСКРЕСЕНЬЕ ПОСЛЕ ТРОИЦЫ

Христос говорит: Так как вы сделали это одному из сих братьев Моих меньших, то сделали Мне.

Мф. 25,40*б*

Псалом: 118,145.147.151.156*а*.159*б* зеленый
Проповедь/Послание: 1 Ин. 4,7–12
Евангелие: Лк. 10,25–37
ВЗ: Лев. 19,1–3.13–18.33–34

---

4 понедельник

Унывает во мне душа моя; посему я воспоминаю о Тебе.
Пс. 41,7

Не оставлю вас сиротами; приду к вам.
Ин. 14,18

☼ Мф. 6,1–4 ⊙ Мф. 13,53–58

5 вторник

Изглажу беззакония твои, как туман, и грехи твои, как облако; обратись ко Мне, ибо Я искупил тебя.
Ис. 44,22

Бог истребил учением бывшее о нас рукописание, которое было против нас, и Он взял его от среды и пригвоздил ко кресту.
Кол. 2,14

☼ Ам. 5,4–15 ⊙ Мф. 14,1–12

6 среда

Говорите истину друг другу; по истине и миролюбно судите у ворот ваших.
Зах. 8,16

Итак, будем искать того, что служит к миру и ко взаимному назиданию.
Рим. 14,19

☼ Втор. 24,(10–15)17–22 ⊙ Мф. 14,13–21

7 четверг

Вопроси сегодня, что скажет Господь.
2 Пар. 18,4

Пребывай в том, чему научен и что тебе вверено.
2 Тим. 3,14

☼ 2 Кор. 8,10–17 ⊙ Мф. 14,22–36

8 пятница

Оживут мертвецы Твои.
Ис. 26,19

Мы, имея вокруг себя такое облако свидетелей, свергнем с себя всякое бремя и запинающий нас грех.
Евр. 12,1

☼ Иак. 2,5–13 ⊙ Мф. 15,1–20

9 суббота

Он вечно помнит завет Свой, слово, которое заповедал в тысячу родов.
Пс. 104,8

Дары и призвание Божие непреложны.
Рим. 11,29

☼ Иуд. 1.2.20–25 ⊙ Мф. 15,21–28

10 воскресенье

Бог сделал меня плодовитым в земле страдания моего.
Быт. 41,52

Мы хвалимся и скорбями, зная, что от скорби происходит терпение, от терпения опытность, от опытности надежда.
Рим. 5,3–4

ЧЕТЫРНАДЦАТОЕ ВОСКРЕСЕНЬЕ ПОСЛЕ ТРОИЦЫ

Благослови, душа моя, Господа и не забывай всех благодеяний Его.
Пс. 102,2

Псалом: 145,1–2.5.7*б*–8 зеленый
Послание: Рим. 8,14–17
Проповедь/Евангелие: Лк. 17,11–19
ВЗ: Быт. 28,10–19*а*(19*б*–22)

---

11 понедельник

Лучше уповать на Господа, нежели надеяться на человека.
Пс. 117,8

Павел пишет: При первом моем ответе никого не было со мною, но все меня оставили. Да не вменится им! Господь же предстал мне и укрепил меня.
2 Тим. 4,16–17

☼ Втор. 26,1–11 ⊙ Мф. 15,29–39

12 вторник

Господь говорит: Вы видели, как Я носил вас как бы на орлиных крыльях, и принес вас к Себе.
Исх. 19,4

Не оставляйте упования вашего, которому предстоит великое воздаяние.
Евр. 10,35

☼ Гал. 5,22–26 ⊙ Мф. 16,1–12

13 среда

Буду посреди собрания восхвалять Тебя, Господи!
Пс. 21,23

Иисус молится за Своих учеников: И славу, которую Ты дал Мне, Я дал им: да будут едино, как Мы едино.
Ин. 17,22

☼ Фил. 1–16(17–22) ⊙ Мф. 16,13–23

14 четверг

Как отец милует сынов, так милует Господь боящихся Его.
Пс. 102,13

Итак, если вы, будучи злы, умеете даяния благие давать детям вашим, тем более Отец ваш Небесный даст блага просящим у Него.
Мф. 7,11

☼ 1 Пар. 29,9–18 ⊙ Мф. 16,24–28

15 пятница

Повернулось во Мне сердце Мое, возгорелась вся жалость Моя! Не сделаю по ярости гнева Моего, ибо Я – Бог, а не человек; среди тебя – Святой.
Ос. 11,8.9

Иисус говорит: Я пришел не судить мир, но спасти мир.
Ин. 12,47

☼ Ин. 13,31–35 ⊙ Мф. 17,1–13

16 суббота

Ты защищал, Господи, дело души моей; искуплял жизнь мою.
Плач. 3,58

Христос оставил нам пример, дабы мы шли по следам Его. Будучи злословим, Он не злословил взаимно; страдая, не угрожал, но предавал то Судии Праведному.
1 Петр. 2,21.23

☼ 2 Фес. 2,13–17 ⊙ Мф. 17,14–21

17 воскресенье

И ни один из жителей не скажет: «я болен»; народу, живущему там, будут отпущены согрешения.
Ис. 33,24

Иисус говорит: Не бойся; Я есмь Первый и Последний, и живый; и был мертв, и се, жив во веки веков, аминь; и имею ключи ада и смерти.
Откр. 1,17–18

ПЯТНАДЦАТОЕ ВОСКРЕСЕНЬЕ ПОСЛЕ ТРОИЦЫ

Все заботы ваши возложите на Него, ибо Он печется о вас.
1 Петр. 5,7

Псалом: 126,1–2 зеленый
Послание: 1 Петр. 5,5*б*–11
Евангелие: Мф. 6,25–34
ВЗ: Быт. 2,4*б*–9(10–14)15(18–25) Проповедь: Быт. 15,1–6

18 понедельник

Вот, все души – Мои.
Иез. 18,4

Павел пишет: Прошу совершать молитвы, прошения, моления, благодарения за всех человеков.
1 Тим. 2,1

☼ Флп. 4,8–14 ⊙ Мф. 17,22–27

19 вторник

Народ! Надейтесь на Него во всякое время; изливайте пред Ним сердце ваше: Бог нам прибежище.

Пс. 61,9

В те дни взошел Иисус на гору помолиться и пробыл всю ночь в молитве к Богу.

Лк. 6,12

☼ 1 Тим. 6,(3–5)6–11*a* ⊙ Мф. 18,1–9

20 среда

В страхе пред Господом – надежда твердая.

Притч. 14,26

Кто отлучит нас от любви Божией: скорбь, или теснота, или гонение, или голод, или нагота, или опасность, или меч?

Рим. 8,35

☼ Еккл. 4,(4–7)8–12 ⊙ Мф. 18,10–14

21 четверг

Бойся только Меня, принимай наставление!

Соф. 3,7

Иисус, войдя в храм, начал выгонять продающих в нем и покупающих, говоря им: написано: «дом Мой есть дом молитвы».

Лк. 19,45–46

☼ Лк. 10,38–42 ⊙ Мф. 18,15–20

ДЕНЬ АПОСТОЛА И ЕВАНГЕЛИСТА МАТФЕЯ
Послание: 1 Кор. 12,27–31 красный
Евангелие: Мф. 9,9–13
ВЗ: Иез. 1,4–14

22 пятница

Вот, ты призовешь народ, которого ты не знал, и народы, которые тебя не знали, поспешат к тебе ради Господа, Бога твоего, и ради Святого Израилева, ибо Он прославил тебя.
Ис. 55,5

Преклоняю колени мои пред Отцом, от Которого именуется всякое отечество на небесах и на земле.
Еф. 3,14–15

☼ 1 Кор. 7,17–24 ⊙ Мф. 18,21–35

23 суббота

Не смущайся, ибо не будешь в поругании.
Ис. 54,4

Павел пишет: Я не почитаю себя достигшим; а только, забывая заднее и простираясь вперед.
Флп. 3,13

☼ Мк. 12,41–44 ⊙ Мф. 19,1–12

24 воскресенье

Люби ближнего твоего, как самого себя. Я – Господь.
Лев. 19,18

Самарянин же некто, проезжая, нашел на него и, увидев израненного, сжалился и, подойдя, перевязал ему раны, возливая масло и вино; и, посадив его на своего осла, привез его в гостиницу и позаботился о нем.
Лк. 10,33–34

ШЕСТНАДЦАТОЕ ВОСКРЕСЕНЬЕ ПОСЛЕ ТРОИЦЫ

Спаситель наш Иисус Христос разрушил смерть и явил жизнь и нетление через благовестие.
2 Тим. 1,10*б*

Псалом: 67,5*а*.5*в*–6.20–21 зеленый
Послание: 2 Тим. 1,7–10
Евангелие: Ин. 11,1(2)3.17–27(28–38*а*)38*б*–45
ВЗ: Плач 3,22–26.31–32
Проповедь: Евр. 10,35–36(37–38)39

---

25 понедельник

Слово Господне право и все дела Его верны.
Пс. 32,4

Иисус говорит: Небо и земля прейдут, но слова Мои не прейдут.
Мф. 24,35

☼ Рим. 6,19–23 ⊙ Мф. 19,13–15

26 вторник

Буду радоваться и веселиться о милости Твоей, потому что Ты призрел на бедствие мое, узнал горесть души моей.

Пс. 30,8

Иди домой к своим и расскажи им, что сотворил с тобою Господь и как помиловал тебя.

Мк. 5,19

☼ Ис. 38,9–20 ⊙ Мф. 19,16–26

27 среда

В Его руке глубины земли, и вершины гор – Его же.

Пс. 94,4

Поклонитесь Сотворившему небо, и землю, и море, и источники вод.

Откр. 14,7

☼ Мк. 5,21–24.35–43 ⊙ Мф. 19,27–30

28 четверг

Не отринет Господь народа Своего и не оставит наследия Своего.

Пс. 93,14

Наше жительство – на небесах, откуда мы ожидаем и Спасителя, Господа нашего Иисуса Христа.

Флп. 3,20

☼ Флп. 1,18б–26 ⊙ Мф. 20,1–16

29 пятница

Мы пойдем с тобою, ибо мы слышали, что с вами Бог.
Зах. 8,23

Как слышать без проповедующего?
Рим. 10,14

⊙ Мф. 20,17–28

ДЕНЬ АРХАНГЕЛА МИХАИЛА И ВСЕХ АНГЕЛОВ

Ангел Господень ополчается вокруг боящихся Его.
Пс. 33,8

Псалом: 102,19–22*а* белый
Послание: Откр. 12,7–12
Евангелие: Лк. 10,17–20
ВЗ: Быт. 21,8–21 Проповедь: Деян. 5,12.17–21(22–27*а*)27*б*–29

---

30 суббота

Лучше немногое при страхе Господнем, нежели большое сокровище, и при нем тревога.
Притч. 15,16

Имейте нрав несребролюбивый, довольствуясь тем, что есть.
Евр. 13,5

☼ Быт. 16,6*б*–14 ⊙ Мф. 20,29–34

Октябрь

Будьте же исполнители слова, а не слышатели только, обманывающие самих себя.

Иак. 1,22

1 воскресенье

Я – Господь, творящий милость, суд и правду на земле.
Иер. 9,24

Плод же правды в мире сеется у тех, которые хранят мир.
Иак. 3,18

ПРАЗДНИК БЛАГОДАРЕНИЯ ЗА УРОЖАЙ

Очи всех уповают на Тебя, и Ты даешь им пищу их в свое время.
Пс. 144,15

Псалом: 103,27–28.30.33 зеленый
Послание: 2 Кор. 9,6–15
Евангелие: Мк. 8,1–9
ВЗ: Втор. 8,7–18 Проповедь: Лк. 12,(13–14)15–21

2 понедельник

И свет луны будет как свет солнца, а свет солнца будет светлее всемеро, как свет семи дней, в тот день, когда Господь обвяжет рану народа Своего и исцелит нанесенные ему язвы.
Ис. 30,26

Ранами Христа вы исцелились.
1 Петр. 2,24

☼ Евр. 11,1–7 ⊙ Мф. 21,1–11

3 вторник

Храни меня, Боже, ибо я на Тебя уповаю.
Пс. 15,1

Не введи нас в искушение.
Мф. 6,13

☼ Быт. 15,1–6 ⊙ Мф. 21,12–17

4 среда

Господь, Бог твой, ведет тебя в землю добрую, в землю, где потоки вод, источники и озера выходят из долин и гор.
Втор. 8,7

Бог не переставал свидетельствовать о Себе благодеяниями, подавая нам с неба дожди и времена плодоносные и исполняя пищею и веселием сердца наши.
Деян. 14,17

☼ Лк. 7,1–10 ⊙ Мф. 21,18–22

5 четверг

Не осталось неисполнившимся ни одно слово из всех добрых слов, которые Господь говорил дому Израилеву; всё сбылось.
Нав. 21,45

Весь народ радовался о всех славных делах Иисуса.
Лк. 13,17

☼ Деян. 5,34–42 ⊙ Мф. 21,23–27

6 пятница

Слушайтесь гласа Моего, и Я буду вашим Богом, а вы будете Моим народом.

Иер. 7,23

Иисус говорит: Если пребудете в слове Моем, то вы истинно Мои ученики.

Ин. 8,31

☼ Евр. 12,1–3 ⊙ Мф. 21,28–32

7 суббота

Илья молился: Услышь меня, Господи, услышь меня! Да познает народ сей, что Ты, Господи, Бог, и Ты обратишь сердце их к Тебе.

3 Цар. 18,37

Иисус сказал Петру: Я молился о тебе, чтобы не оскудела вера твоя; и ты некогда, обратившись, утверди братьев твоих.

Лк. 22,32

☼ Мф. 14,22–33 ⊙ Мф. 21,33–46

8 воскресенье

Межи мои прошли по прекрасным местам, и наследие мое приятно для меня.

Пс. 15,6

Бог же силен обогатить вас всякою благодатью, чтобы вы, всегда и во всём имея всякое довольство, были богаты на всякое доброе дело.

2 Кор. 9,8

ВОСЕМНАДЦАТОЕ ВОСКРЕСЕНЬЕ ПОСЛЕ ТРОИЦЫ

И мы имеем от Него такую заповедь, чтобы любящий Бога любил и брата своего.

1 Ин. 4,21

Псалом: 121,2–3.7–9 зеленый
Послание: Еф. 5,15–20
Евангелие: Мк. 10,17–27
Проповедь/ВЗ: Исх. 20,1–17

9 понедельник

Не доставляют пользы сокровища неправедные, правда же избавляет от смерти.

Притч. 10,2

Закхей сказал Иисусу: Господи! половину имения моего я отдам нищим, и, если кого чем обидел, воздам вчетверо.

Лк. 19,8

☼ 1 Фес. 4,9–12 ⊙ Мф. 22,1–14

10 вторник

Но оставлю среди тебя народ смиренный и простой, и они будут уповать на имя Господне.

Соф. 3,12

Незнатное мира и уничиженное и ничего не значащее избрал Бог, чтобы упразднить значащее, – для того, чтобы никакая плоть не хвалилась пред Богом.
1 Кор. 1,28–29

☼ Гал. 5,13–18 ⊙ Мф. 22,15–22

11 среда

Господи, ты был убежищем нищего в тесное для него время, защитою от бури, тенью от зноя; ибо гневное дыхание тиранов было подобно буре против стены.
Ис. 25,4

Мы, живые, непрестанно предаемся на смерть ради Иисуса, чтобы и жизнь Иисусова открылась в смертной плоти нашей.
2 Кор. 4,11

☼ Песн. 8,4–7 ⊙ Мф. 22,23–33

12 четверг

Помоги мне, Господи, Боже мой, спаси меня по милости Твоей.
Пс. 108,26

Петр, видя сильный ветер, испугался и, начав утопать, закричал: Господи! спаси меня. Иисус тотчас простер руку, поддержал его и говорит ему: маловерный! зачем ты усомнился?
Мф. 14,30–31

☼ Мк. 3,31–35 ⊙ Мф. 22,34–46

13 пятница

По воле Своей Бог действует как в небесном воинстве, так и у живущих на земле; и нет никого, кто мог бы противиться руке Его и сказать Ему: «что Ты сделал?»

Дан. 4,32

Смиритесь под крепкую руку Божию, да вознесет вас в свое время.

1 Петр. 5,6

☼ Рим. (14,20б–15,1)15,2–6 ⊙ Мф. 23,1–22

14 суббота

Заступись, поручись Сам за меня пред Собою! иначе кто поручится за меня?

Иов 17,3

Кто осуждает? Христос Иисус умер, но и воскрес: Он и одесную Бога, Он и ходатайствует за нас.

Рим. 8,34

☼ Мф. 5,17–20 ⊙ Мф. 23,23–39

15 воскресенье

Праведник тщательно вникает в тяжбу бедных.

Притч. 29,7

Когда делаешь пир, зови нищих, увечных, хромых, слепых, и блажен будешь, что они не могут воздать тебе.

Лк. 14,13–14

ДЕВЯТНАДЦАТОЕ ВОСКРЕСЕНЬЕ ПОСЛЕ ТРОИЦЫ

Исцели меня, Господи, и исцелен буду; спаси меня, и спасен буду.
Иер. 17,14

Псалом: 31,1–2.5б.7 зеленый
Проповедь/Послание: Иак. 5,13–16
Евангелие: Мк. 2,1–12
ВЗ: Исх. 34,4–10

16 понедельник

Не по беззакониям нашим сотворил нам, и не по грехам нашим воздал нам.
Пс. 102,10

Прощайте друг друга, как и Бог во Христе простил вас.
Еф. 4,32

☼ Исх. 15,22–27 ⊙ Иак. 1,1–12

17 вторник

Ангелам Своим заповедает о тебе – охранять тебя на всех путях твоих: на руках понесут тебя, да не преткнешься о камень ногою твоею.
Пс. 90,11–12

Ангел Господень является во сне Иосифу и говорит: встань, возьми Младенца и Матерь Его и беги в Египет, и будь там, доколе не скажу тебе.
Мф. 2,13

☼ Лк. 5,12–16 ⊙ Иак. 1,13–18

18 среда

Знаю, что Господь сотворит суд угнетенным и справедливость бедным.
Пс. 139,13

Блаженны нищие духом, ибо ваше есть Царствие Божие.
Лк. 6,20

☼ Ин. 9,1–7 ⊙ Иак. 1,19–27

ДЕНЬ ЕВАНГЕЛИСТА ЛУКИ
Послание: 2 Тим. 4,5–11 красный
Евангелие: Лк. 1,1–4
ВЗ: Иез. 1,4–14

19 четверг

Говорит Господь: Я прославлю прославляющих Меня, а бесславящие Меня будут посрамлены.
1 Цар. 2,30

Ты пренебрегаешь богатство благости, кротости и долготерпения Божия, не разумея, что благость Божия ведет тебя к покаянию?
Рим. 2,4

☼ Иер. 17,14–17 ⊙ Иак. 2,1–13

20 пятница

И говорил Господь с Моисеем лицом к лицу, как бы говорил кто с другом своим.
Исх. 33,11

Иисус говорит: Я уже не называю вас рабами, ибо раб не знает, что делает господин его; но Я назвал вас друзьями, потому что сказал вам все, что слышал от Отца Моего.
Ин. 15,15

☼ Мф. 8,14–17 ⊙ Иак. 2,14–26

21 суббота

Которого упование – Господь, будет как дерево, посаженное при водах и пускающее корни свои у потока; и во время засухи оно не боится и не перестает приносить плод.
Иер. 17,7.8

Плод же духа: любовь, радость, мир, долготерпение, благость, милосердие, вера, кротость, воздержание.
Гал. 5,22–23

☼ Лк. 13,10–17 ⊙ Иак. 3,1–12

22 воскресенье

Не враждуй на брата твоего в сердце твоем; обличи ближнего твоего, и не понесешь за него греха.
Лев. 19,17

Братия! если и впадет человек в какое согрешение, вы, духовные, исправляйте такового в духе кротости.
Гал. 6,1

ДВАДЦАТОЕ ВОСКРЕСЕНЬЕ ПОСЛЕ ТРОИЦЫ

О, человек! сказано тебе, что – добро и чего требует от тебя Господь: действовать справедливо, любить дела милосердия и смиренномудренно ходить пред Богом твоим.
Мих. 6,8

Псалом: 18,8–9 зеленый
Послание: 2 Кор. 3,3–6(7–9)
Проповедь/Евангелие: Мк. 10,2–9(10–12)13–16
ВЗ: Быт. 8,18–22; 9,12–17

---

23 понедельник

Он есть Бог живый и присносущий, и царство Его несокрушимо.
Дан. 6,26

Бог всё покорил под ноги Христа, и поставил Его выше всего, главою Церкви.
Еф. 1,22

☼ 2 Фес. 3,6–13 ⊙ Иак. 3,13–18

24 вторник

Много соделал Ты, Господи, Боже мой: о чудесах и помышлениях Твоих о нас – кто уподобится Тебе!
Пс. 39,6

Во Христе сокрыты все сокровища премудрости и ведения.
Кол. 2,3

☼ Рим. 13,1–7 ⊙ Иак. 4,1–12

25 среда

Обратятся к Господу все концы земли.
Пс. 21,28

Царство Небесное подобно закваске, которую женщина, взяв, положила в три меры муки, доколе не вскисло всё.
Мф. 13,33

☼ Еф. 5,25–32 ⊙ Иак. 4,13–17

26 четверг

Каждое утро Он пробуждает, пробуждает ухо Мое, чтобы Я слушал, подобно учащимся.
Ис. 50,4

Лидия из города Фиатир, торговавшая багряницею, чтущая Бога, слушала; и Господь отверз сердце ее внимать тому, что говорил Павел.
Деян. 16,14

☼ 1 Кор. 14,26–33 ⊙ Иак. 5,1–6

27 пятница

Господь – крепость жизни моей: кого мне страшиться?
Пс. 26,1

Всё могу в укрепляющем меня Иисусе Христе.
Флп. 4,13

☼ Ин. 18,28–32 ⊙ Иак. 5,7–12

28 суббота

Вот, во благо мне была сильная горесть, и Ты избавил душу мою от рва погибели, бросил все грехи мои за хребет Свой.
Ис. 38,17

И вот по чему узнаем, что мы от истины, и успокаиваем пред Ним сердца наши; ибо если сердце наше осуждает нас, то кольми паче Бог, потому что Бог больше сердца нашего и знает всё.
1 Ин. 3,19–20

☼ Притч. 3,1–8 ⊙ Иак. 5,13–20

29 воскресенье

Господь говорит: Кого же ты испугалась и устрашилась, что сделалась неверною и Меня перестала помнить?
Ис. 57,11

Вы не приняли духа рабства, чтобы опять жить в страхе, но приняли Духа усыновления, Которым взываем: «Авва, Отче!»
Рим. 8,15

ДВАДЦАТЬ ПЕРВОЕ ВОСКРЕСЕНЬЕ ПОСЛЕ ТРОИЦЫ

Не будь побежден злом, но побеждай зло добром.
Рим. 12,21

Псалом: 18,10.12–13.15 зеленый
Послание: Еф. 6,10–17
Евангелие: Мф. 5,38–48
ВЗ: Иер. 29,1.4–7(8–9)10–14 Проповедь: Быт. 13,1–12(13–18)

30 понедельник

И делом правды будет мир, и плодом правосудия – спокойствие и безопасность вовеки.
Ис. 32,17

Если вы знаете, что Иисус Христос праведник, знайте и то, что всякий, делающий правду, рожден от Него.
1 Ин. 2,29

☼ 1 Цар. 19,1–7 ⊙ Иов 1,1–12

ДЕНЬ ПОМИНОВЕНИЯ ЖЕРТВ НАСИЛИЯ, ВОЙНЫ И ТЕРРОРА
Псалом: 118,81–82.88.90*а*.91*б* красный
Послание: 2 Тим. 2,8–13 или Евр. 10,32–39 или 2 Кор. 1,3–6
Евангелие: Мк. 8,31–35 или 13,5–13 или Лк. 12,1–8

31 вторник

Все мы сделались – как нечистый, и вся праведность наша – как запачканная одежда.
Ис. 64,5

Сын же сказал ему: «отче! я согрешил против неба и пред тобою и уже недостоин называться сыном твоим». А отец сказал рабам своим: «принесите лучшую одежду и оденьте его».

Лк. 15,21–22 Иов 1,13–22

ДЕНЬ РЕФОРМАЦИИ

Ибо никто не может положить другого основания, кроме положенного, которое есть Иисус Христос.

1 Кор. 3,11

Псалом: 45,2–3.5.8 красный
Послание: Рим. 3,21–28
Проповедь/Евангелие: Мф. 5,1–10(11–12)
ВЗ: Втор. 6,4–9

Ноябрь

Он один распростирает небеса и ходит по высотам моря; сотворил Ас, Кесиль и Хима, и тайники юга. Иов 9,8–9

1 среда

Вспомни дни древние, помысли о летах прежних родов; спроси отца твоего, и он возвестит тебе, старцев твоих, и они скажут тебе.

Втор. 32,7

Вспоминаю нелицемерную веру твою, которая прежде обитала в бабке твоей Лоиде и матери твоей Евнике; уверен, что она и в тебе.

2 Тим. 1,5

☼ 1 Фес. 5,9–15 ⊙ Иов 2,1–13

2 четверг

Господь Бог дал Мне язык мудрых, чтобы Я мог словом подкреплять изнемогающего.

Ис. 50,4

Когда мы видели Тебя больным, или в темнице, и пришли к Тебе?

Мф. 25,39

☼ 2 Кор. 6,1–10 ⊙ Иов 3,1–26

3 пятница

Взыщите Господа, все смиренные земли, исполняющие законы Его; взыщите правду, взыщите смиренномудрие.

Соф. 2,3

Итак, облекитесь, как избранные Божии, святые и возлюбленные, в милосердие, благость, смиренномудрие, кротость, долготерпение.
Кол. 3,12

☼ Лк. 22,49–53 ⊙ Иов 4,1–21

4 суббота

Как утешает кого-либо мать его, так утешу Я вас.
Ис. 66,13

Просите, и получите, чтобы радость ваша была совершенна.
Ин. 16,24

☼ 2 Тим. 2,1–5(6) ⊙ Иов 5,17–27

5 воскресенье

Соблюдающий правду и милость найдет жизнь, правду и славу.
Притч. 21,21

Ищите же прежде Царства Божия и правды Его, и это все приложится вам.
Мф. 6,33

ДВАДЦАТЬ ВТОРОЕ ВОСКРЕСЕНЬЕ ПОСЛЕ ТРОИЦЫ

Но у Тебя прощение, да благоговеют пред Тобою.
Пс. 129,4

Псалом: 142,1.8.10 зеленый
Послание: Рим. 7,14–25*а*

Евангелие: Мф. 18,21–35
ВЗ: Ис. 44,21–23 Проповедь: 1 Ин. 2,12–14

6 понедельник

Боже! свят путь Твой.
Пс. 76,14

Иисус говорит: Я исшел от Отца и пришел в мир.
Ин. 16,28

☼ Исх. 32,15–20(21–24) ⊙ Иов 6,1–10.24–30

7 вторник

И поставлю над ними одного пастыря, который будет пасти их.
Иез. 34,23

Видя толпы народа, Он сжалился над ними, что они были изнурены и рассеяны, как овцы, не имеющие пастыря.
Мф. 9,36

☼ Иона 1,1–16; 2,1 ⊙ Иов 7,7–21

8 среда

Благословен грядущий во имя Господне!
Пс. 117,26

А тем, которые приняли Его, верующим во имя Его, дал власть быть чадами Божиими.
Ин. 1,12

☼ Иона (3,10) 4,1–11 ⊙ Иов 8,1–22

9 четверг

В смятении моем я думал: «отвержен я от очей Твоих»; но Ты услышал голос молитвы моей, когда я воззвал к Тебе.

Пс. 30,23

Также и Дух подкрепляет нас в немощах наших; ибо мы не знаем, о чем молиться, как должно, но Сам Дух ходатайствует за нас воздыханиями неизреченными.

Рим. 8,26

☼ Мф. 7,1–5(6) ⊙ Иов 9,1–15.32–35

10 пятница

Горе тем, которые мудры в своих глазах и разумны пред самими собою!

Ис. 5,21

Облекитесь смиренномудрием.

1 Петр. 5,5

☼ Мф. 12,32–37 ⊙ Иов 11,1–20

11 суббота

Иаков пошел путем своим. И встретили его Ангелы Божии.

Быт. 32,1

Не все ли ангелы суть служебные духи, посылаемые на служение для тех, которые имеют наследовать спасение?

Евр. 1,14

☼ Откр. 3,14–22 ⊙ Иов 12,1–6; 14,1–12

12 воскресенье

Сказал Иосиф своим братьям: не ссорьтесь на дороге.
Быт. 45,24

Снисходите друг другу и прощайте взаимно, если кто на кого имеет жалобу: как Христос простил вас, так и вы.
Кол. 3,13

ТРЕТЬЕ ВОСКРЕСЕНЬЕ ОТ КОНЦА ЦЕРКОВНОГО ГОДА

Блаженны миротворцы, ибо они будут наречены сынами Божиими.
Мф. 5,9

Псалом: 89,2–4.13.14 зеленый
Проповедь/Послание: Рим. 8,18–25
Евангелие: Лк. 17,20–24(25–30)
ВЗ: Мих. 4,1–5 (7*б*)

13 понедельник

Господь Бог открыл Мне ухо, и Я не воспротивился, не отступил назад.
Ис. 50,5

Иисус говорит: и они услышат голос Мой, и будет одно стадо и один Пастырь.
Ин. 10,16

☼ Быт. 33,1–4(5–7)8–11 ⊙ Иов 19,21–29

14 вторник

Бог говорит: Не вечно буду Я вести тяжбу и не до конца гневаться.
Ис. 57,16

Бог во Христе примирил с Собою мир, не вменяя людям преступлений их, и дал нам слово примирения.
2 Кор. 5,19

☼ Ис. 57,17–19(20.21) ⊙ Иов 31,16–40

15 среда

Жаждущие! идите все к водам!
Ис. 55,1

При наступлении же вечера, когда заходило солнце, приносили к Нему всех больных и бесноватых.
Мк. 1,32

☼ Зах. 8,11–17 ⊙ Иов 40,1–5

16 четверг

И заключу с ними вечный завет, по которому Я не отвращусь от них, чтобы благотворить им.
Иер. 32,40

Любовь Божия к нам открылась в том, что Бог послал в мир Единородного Сына Своего, чтобы мы получили жизнь через Него.
1 Ин. 4,9

☼ Лк. 9,51–56 ⊙ Иов 40,6–32

17 пятница

Мои мысли – не ваши мысли, ни ваши пути – пути Мои, говорит Господь.

Ис. 55,8

Немудрое Божие премудрее человеков, и немощное Божие сильнее человеков.

1 Кор. 1,25

☼ Ин. 18,10.11 ⊙ Иов 42,1–6

18 суббота

Ненадежен конь для спасения, не избавит великою силою своею. Вот, око Господне над боящимися Его и уповающими на милость Его.

Пс. 32,17–18

Обрезание – мы, служащие Богу духом, и хвалящиеся Христом Иисусом, и не на плоть надеющиеся.

Флп. 3,3

☼ 1 Петр. 3,8–17 ⊙ Иов 42,7–17

19 воскресенье

Уста священника должны хранить ведение, и закона ищут от уст его, потому что он вестник Господа Саваофа.

Мал. 2,7

Будьте всегда готовы всякому, требующему у вас отчета в вашем уповании, дать ответ.

1 Петр. 3,15

ПРЕДПОСЛЕДНЕЕ ВОСКРЕСЕНЬЕ ЦЕРКОВНОГО ГОДА

Всем нам должно явиться пред судилище Христово.
2 Кор. 5,10

Псалом: 49,2–4.6 зеленый
Послание: Рим. 14,(1–6)7–13
Проповедь/Евангелие: Мф. 25,31–46
ВЗ: Иов 14,1–6(7–12)13(14)15–17

20 понедельник

Обратись, Господи! Доколе? Умилосердись над рабами Твоими.
Пс. 89,13

Иисус говорит: приду опять и возьму вас к Себе, чтобы и вы были, где Я.
Ин. 14,3

☼ Мф. 25,14–20 ⊙ Иуда 1–16

21 вторник

До сего места помог нам Господь.
1 Цар. 7,12

Павел говорит: Получив помощь от Бога, я до сего дня стою, свидетельствуя.
Деян. 26,22

☼ Иер. 8,4–9 ⊙ Иуда 17–25

22 среда

Как оправдается человек пред Богом? Если захочет вступить в прение с Ним, то не ответит Ему ни на одно из тысячи.

Иов 9,2–3

Встану, пойду к отцу моему и скажу ему: отче! я согрешил против неба и пред тобою.

Лк. 15,18

⊙ Мф. 24,1–14

ДЕНЬ ПОКАЯНИЯ И МОЛИТВЫ

Праведность возвышает народ, а беззаконие – бесчестие народа.

Притч. 14,34

Псалом: 129,1–5 фиолетовый
Послание: Рим. 2,1–11
Евангелие: Лк. 13,(1–5)6–9
ВЗ: Ис. 1,10–18 Проповедь: Иез. 22,23–31

23 четверг

Боже! Ты знаешь безумие мое, и грехи мои не сокрыты от Тебя.

Пс. 68,6

В Иисусе Христе мы имеем искупление Кровию Его, прощение грехов, по богатству благодати Его.

Еф. 1,7

☼ 2 Фес. 1,3–12 ⊙ Мф. 24,15–28

24 пятница

Я скажу: «это Мой народ», и они скажут: «Господь – Бог мой!»
Зах. 13,9

Бог будет обитать с ними; они будут Его народом, и Сам Бог с ними будет Богом их. И отрет Бог всякую слезу с очей их.
Откр. 21,3–4

☼ Евр. 13,17–21 ⊙ Мф. 24,29–31

25 суббота

Всё, что сказал Господь, сделаем и будем послушны.
Исх. 24,7

Будьте же исполнители слова, а не слышатели только, обманывающие самих себя.
Иак. 1,22

☼ 2 Петр. 3,(13)14–18 ⊙ Мф. 24,32–44

26 воскресенье

Благ Господь – убежище в день скорби, и знает надеющихся на Него.
Наум 1,7

Просите, и дано будет вам; ищите, и найдете; стучите, и отворят вам.
Мф. 7,7

ПОСЛЕДНЕЕ ВОСКРЕСЕНЬЕ ЦЕРКОВНОГО ГОДА – ДЕНЬ ПОМИНОВЕНИЯ УСОПШИХ – ВОСКРЕСЕНЬЕ ВЕЧНОСТИ

Да будут чресла ваши препоясаны и светильники горящи.
Лк. 12,35

Псалом: 125,1–2.5–6 белый
Послание: Откр. 21,1–7
Евангелие: Мф. 25,1–13
ВЗ: Ис. 65,17–19(20–22)23–25 Проповедь: 2 Петр. 3,(3–7)8–13

27 понедельник

Вдовы и сироты, пришельца и бедного не притесняйте.
Зах. 7,10

Вы не так познали Христа.
Еф. 4,20

☼ Евр. 12,18–25 ⊙ Мф. 24,45–51

28 вторник

Откровение слов Твоих просвещает, вразумляет простых.
Пс. 118,130

Вы были некогда тьма, а теперь – свет в Господе: поступайте, как чада света.
Еф. 5,8

☼ Ис. 35,8–10 ⊙ Мф. 25,1–13

29 среда

Спаси, Господи, ибо не стало праведного, ибо нет верных между сынами человеческими.
Пс. 11,2

Иисус сказал двенадцати: не хотите ли и вы отойти?
Ин. 6,67

☼ 1 Кор. 3,9–15 ⊙ Мф. 25,14–30

30 четверг

Для вас, благоговеющие пред именем Моим, взойдет Солнце правды и исцеление в лучах Его.
Мал. 4,2

Ночь прошла, а день приблизился.
Рим. 13,12

☼ Евр. 13,1–9 ⊙ Мф. 25,31–46

Декабрь

Видели очи мои спасение Твое, которое Ты уготовал пред лицом всех народов.

Лк. 2,30–31

1 пятница

Вот, Я расплавлю и испытаю народ мой.
Иер. 9,7

Претерпевший же до конца спасется.
Мк. 13,13

☼ Евр. 13,10–16 ⊙ Ис. 40,1–11

2 суббота

Помилуй меня, Господи, ибо тесно мне.
Пс. 30,10

Ученики Иисуса, подойдя к Нему, разбудили Его и сказали: Господи! спаси нас, погибаем. И говорит им: что вы так боязливы, маловерные? Потом, встав, запретил ветрам и морю, и сделалась великая тишина.
Мф. 8,25–26

☼ Откр. 21,10–14. 21–27 ⊙ Ис. 40,12–31

3 воскресенье

И утешит Господь Сион.
Зах. 1,17

Симон чаял утешения Израилева; и Дух Святой был на нем.
Лк. 2,25

ПЕРВОЕ ВОСКРЕСЕНЬЕ АДВЕНТА

Се Царь твой грядет к тебе, праведный и спасающий.
Зах. 9,9

Псалом: 23,7–10 фиолетовый
Послание: Рим. 13,8–12
Евангелие: Мф. 21,1–11
ВЗ: Зах. 9,9–10 Проповедь: Пс. 23

4 понедельник

Не бойся, ибо Я с тобою; не смущайся, ибо Я Бог твой.
Ис. 41,10

Дети восклицали в храме и говорили: «осанна Сыну Давидову!»
Мф. 21,15

☼ 1 Петр. 1,(8.9)10–13 ⊙ Ис. 41,8–20

5 вторник

Дела беззаконий превозмогают меня; Ты очистишь преступления наши.
Пс. 64,4

Когда пришла полнота времени, Бог послал Сына Своего Единородного, Который родился от жены, подчинился закону, чтобы искупить подзаконных, дабы нам получить усыновление.
Гал. 4,4–5

☼ Евр. 10,32–39 ⊙ Ис. 42,1–9

6 среда

Окончатся дни сетования твоего.
Ис. 60,20

И Слово стало плотию, и обитало с нами, полное благодати и истины; и мы видели славу Его, славу, как Единородного от Отца.
Ин. 1,14

☼ Кол. 1,9–14 ⊙ Ис. 43,1–7

7 четверг

Возопили сыны Израилевы к Господу, и говорили: согрешили мы пред Тобою, потому что оставили Бога нашего.
Суд. 10,10

Захария сказал: Ты предыдешь пред лицом Господа приготовить пути Ему, дать уразуметь народу Его спасение в прощении грехов их.
Лк. 1,76–77

☼ 1 Фес. 5,1–6 ⊙ Ис. 43,8–13

8 пятница

Не вспоминайте прежнего и о древнем не помышляйте. Вот, Я делаю новое; ныне же оно явится; неужели вы и этого не хотите знать?
Ис. 43,18–19

Царство Небесное подобно зерну горчичному, которое человек взял и посеял на поле своем.
Мф. 13,31

☼ Иез. 37,24–28 ⊙ Ис. 43,14–28

9 суббота

Господи! Ты вывел из ада душу мою и оживил меня, чтобы я не сошел в могилу.
Пс. 29,4

Иисус говорит: наступает время, и настало уже, когда мертвые услышат глас Сына Божия и, услышав, оживут.
Ин. 5,25

☼ Флп. 1,3–11 ⊙ Ис. 44,1–5

10 воскресенье

Какой бог есть на небе, или на земле, который мог бы делать такие дела, как Твои, и с могуществом таким, как Твое?
Втор. 3,24

Действия различны, а Бог один и тот же, производящий всё во всех.
1 Кор. 12,6

ВТОРОЕ ВОСКРЕСЕНЬЕ АДВЕНТА

Восклонитесь и поднимите головы ваши, потому что приближается избавление ваше.
Лк. 21,28

Псалом: 79,2–3.19–20 фиолетовый
Послание: Иак. 5,7–8(9–11)
Евангелие: Лк. 21,25–33
ВЗ: Ис. 63,15–64,3 Проповедь: Откр. 3,7–13

11 понедельник

Господи! пред Тобою все желания мои, и воздыхание мое не сокрыто от Тебя.
Пс. 37,10

Вот какое дерзновение мы имеем к Нему, что, когда просим чего по воле Его, Он слушает нас.
1 Ин. 5,14

☼ Ис. 25,1–5 ⊙ Ис. 44,6–20

12 вторник

Благословил Бог седьмой день, и освятил его, ибо в оный почил от всех дел Своих.
Быт. 2,3

Мир Божий, который превыше всякого ума, соблюдет сердца ваши и помышления ваши во Христе Иисусе.
Флп. 4,7

☼ Откр. 2,1–7 ⊙ Ис. 44,21–28

13 среда

Еще нет слова на языке моем, – Ты, Господи, уже знаешь его совершенно.

Пс. 138,4

Господь осветит скрытое во мраке, и обнаружит сердечные намерения.

1 Кор. 4,5

☼ 2 Кор. 5,1–10 ⊙ Ис. 45,1–8

14 четверг

Свет сияет на праведника, и на правых сердцем – веселие.

Пс. 96,11

Тогда подобно будет Царство Небесное десяти девам, которые, взяв светильники свои, вышли навстречу жениху. Из них пять было мудрых и пять неразумных.

Мф. 25,1–2

☼ Иер. 31,1–7 ⊙ Ис. 45,9–17

15 пятница

Отправляющиеся на кораблях в море, видят дела Господа и чудеса Его в пучине: Да славят Господа за милость Его и за чудные дела Его для сынов человеческих!

Пс. 106,23.24.31

Спасшись же, узнали, что остров называется Мелит. Иноплеменники оказали нам немалое человеколюбие, ибо они разложили огонь и приняли всех нас.
Деян. 28,1–2

☼ Лк. 22,66–71 ⊙ Ис. 45,18–25

16 суббота

Скажет Господь народу Своему: вот, Я пошлю вам хлеб и вино и елей, и будете насыщаться ими.
Иоиль 2,19

Иисус взял пять хлебов и две рыбы, воззрел на небо, благословил и, преломив, дал хлебы ученикам, а ученики – народу. И ели все, и насытились.
Мф. 14,19–20

☼ 1 Фес. 4,13–18 ⊙ Ис. 46,1–13

17 воскресенье

Бог не человек, чтоб Ему лгать, и не сын человеческий, чтоб Ему изменяться.
Числ. 23,19

Павел пишет: Верен Бог, что слово наше к вам не было то «да», то «нет». Ибо Сын Божий, Иисус Христос, проповеданный у вас нами, мною и Силуаном и Тимофеем, не был «да» и «нет»; но в Нем было «да», – ибо все обетования Божии в Нем «да».
2 Кор. 1,18–19

ТРЕТЬЕ ВОСКРЕСЕНЬЕ АДВЕНТА

Приготовьте путь Господу, ибо Господь Бог грядет с силою.
Ис. 40,3.10

Псалом: 84,2.7.10.12 фиолетовый
Послание: 1 Кор. 4,1–5
Евангелие: Лк. 1,67–79
ВЗ: Ис. 40,1–11 Проповедь: Мф. 11,2–10

18 понедельник

Он изменяет времена и лета, низлагает царей и поставляет царей.
Дан. 2,21

Он низложил сильных с престолов, и вознес смиренных.
Лк. 1,52

☼ 2 Кор. 1,18–22 ⊙ Ис. 49,1–6

19 вторник

Очи Господни обращены на праведников, и уши Его – к воплю их.
Пс. 33,16

Утешайтесь надеждою; в скорби будьте терпеливы, в молитве – постоянны.
Рим. 12,12

☼ Ис. 11,10–13 ⊙ Ис. 49,7–17

20 среда

Благослови, душа моя, Господа. Он прощает все беззакония твои, исцеляет все недуги твои.
Пс. 102,2.3

В том любовь, что не мы возлюбили Бога, но Он возлюбил нас и послал Сына Своего в умилостивление за грехи наши.
1 Ин. 4,10

☼ Иер. 30,8–11*а* ⊙ Ис. 50,4–11

21 четверг

Я вложу в вас дух Мой, и оживете, и помещу вас на земле вашей, и узнаете, что Я – Господь.
Иез. 37,14

Где Дух Господень, там свобода.
2 Кор. 3,17

☼ Откр. 3,7–13 ⊙ Ис. 51,1–8

22 пятница

Если не будете слушать гласа Господа, то рука Господа будет против вас, как была против отцов ваших.
1 Цар. 12,15

Кто вникнет в закон совершенный, закон свободы, и пребудет в нем, тот, будучи не слушателем забывчивым, но исполнителем дела, блажен будет в своем действовании.
Иак. 1,25

☼ Откр. 22,(12–14)16.17.20.21 ⊙ Ис. 51,9–16

23 суббота

Так говорит Господь: Я милости хочу, а не жертвы, и Боговедения более, нежели всесожжений.
Ос. 6,6

Итак, любовь есть исполнение закона.
Рим. 13,10

☼ Ис. 7,10–14 ⊙ Ис. 52,1–12

24 воскресенье

Вот, тьма покроет землю, и мрак – народы; а над тобою воссияет Господь, и слава Его явится над тобою.
Ис. 60,2

Когда Ангелы отошли от них на небо, пастухи сказали друг другу: пойдем в Вифлеем и посмотрим, что там случилось, о чем возвестил нам Господь.
Лк. 2,15

СОЧЕЛЬНИК

Не бойтесь; я возвещаю вам великую радость, которая будет всем людям: ибо ныне родился вам в городе Давидовом Спаситель, Который есть Христос Господь.
Лк. 2,10*б*.11

Псалом: 95,1–3.9 белый
Проповедь/Послание: Гал. 4,4–7
Евангелие: Лк. 2,1–20
ВЗ: Ис. 9,1–6

---

25 понедельник

Господи! тесно мне; спаси меня.
Ис. 38,14

Ныне родился вам Спаситель.
Лк. 2,11

⊙ Лк. 1,46–55

РОЖДЕСТВО ХРИСТОВО

Слово стало плотию, и обитало с нами, и мы видели славу Его.
Ин. 1,14а

Псалом: 95,1–3.9 белый
Послание: Тит 3,4–7
Евангелие: Ин. 1,1–5.9–14(16–18)
ВЗ: Ис. 52,7–10 Проповедь: Исх. 2,1–10

---

26 вторник

Я Господь – Спаситель твой и Искупитель твой, Сильный.
Ис. 60,16

Открылось же ныне явлением Спасителя нашего Иисуса Христа, разрушившего смерть и явившего жизнь и нетление через благовестие.
2 Тим. 1,10

⊙ Лк. 2,29–32

НЕДЕЛЯ ПОСЛЕ РОЖДЕСТВА ХРИСТОВА

И Слово стало плотию, и обитало с нами, и мы видели славу Его.
Ин. 1,14*а*

Псалом: 95 белый
Послание: Евр. 1,1–4(5–14)
Евангелие: Мф. 1,18–25
ВЗ: Ис. 7,10–14 Проповедь: 2 Кор. 8,7–9

ДЕНЬ ПЕРВОМУЧЕНИКА СТЕФАНА

Дорога в очах Господних смерть святых Его! Тебе принесу жертву хвалы, и имя Господне призову.
Пс. 115,6.8

Псалом: 118,81–82.88.90*а*.91*б* красный
Проповедь/Послание: Деян. 6,8–15; 7,(1–54)55–60
Евангелие: Мф. 10,16–22
ВЗ: 2 Пар. 24,19–21

27 среда

Я первый и Я последний, и кроме Меня нет Бога.
Ис. 44,6

Молитесь же так: «Отче наш, сущий на небесах! да святится имя Твое».
Мф. 6,9

☼ Ин. 21,20–24 ⊙ Ис. 52,13–53,5

ДЕНЬ АПОСТОЛА И ЕВАНГЕЛИСТА ИОАННА
Послание: 1 Ин. 1,1–10 красный
Евангелие: Ин. 21,20–24
ВЗ: Иез. 1,4–14

28 четверг

Ты произращаешь траву для скота, и зелень на пользу человека, чтобы произвести из земли пищу.
Пс. 103,14

Благодарите всегда за всё Бога и Отца, во имя Господа нашего Иисуса Христа.
Еф. 5,20

☼ Мф. 2,13–18 ⊙ Ис. 53,6–12

ДЕНЬ НЕВИННОУБИЕННЫХ МЛАДЕНЦЕВ
Псалом: 123,1*а*.2*б*.4.7 красный
Послание: Откр. 12,1–17
Евангелие: Мф. 2,13–18
ВЗ: Иер. 31,15–17

29 пятница

Обратишься к Господу, Богу твоему, тогда он возвратит пленных твоих и умилосердится над тобою.
Втор. 30,2.3

Исполнилось время и приблизилось Царствие Божие: покайтесь и веруйте в Евангелие.
Мк. 1,15

☼ 1 Ин. 4,12–16*а* ⊙ Ис. 54,1–10

30 суббота

Иосиф сказал жене Потифара, которая его возжелала: как же сделаю я сие великое зло и согрешу пред Богом?
Быт. 39,9

Бог призвал нас не к нечистоте, но к святости.
1 Фес. 4,7

☼ Ис. 63,7–14 ⊙ Ис. 55,1–5

31 воскресенье

На малое время Я оставил тебя, но с великою милостью восприму тебя.
Ис. 54,7

Господь наш Иисус Христос и Бог и Отец наш, возлюбивший нас и давший утешение вечное и надежду благую во благодати, да утешит ваши сердца и да утвердит вас во всяком слове и деле благом.
2 Фес. 2,16–17

⊙ Ис. 55,6–13

КАНУН НОВОГО ГОДА

В Твоей руке дни мои.
Пс. 30,16*а*

Псалом: 120,1–3.7 белый
Послание: Рим. 8,31*б*–39
Евангелие: Мф. 13,24–30
Проповедь/ВЗ: Еккл. 3,1–15

ДЛЯ ЗАМЕТОК